학원을 이기는

독학 영어 첫걸음 1

지은이 박준영은 대학에서 영문학을 전공하였으며, 강남과 종로 등의 어학원에서 수년간의 강사 경험을 바탕으로 지금은 영어교재 전문기획 프리랜서로 활동하고 있으며 지금은 랭컴출판사의 편집위원으로서 영어 학습서 기획 및 저술 활동에 힘쓰고 있다.

학원을 이기는
독학 영어 첫걸음 1

2024년 2월 10일 개정2판 1쇄 인쇄
2024년 2월 15일 개정2판 1쇄 발행

지은이 박준영
발행인 손건
편집기획 김상배, 홍미경
마케팅 최관호
디자인 김선옥
제작 최승용
인쇄 선경프린테크

발행처 LanCom 랭컴
주소 서울시 영등포구 영신로34길 19
등록번호 제 312-2006-00060호
전화 02) 2636-0895
팩스 02) 2636-0896
홈페이지 www.lancom.co.kr
이메일 elancom@naver.com

ISBN 979-11-7142-030-8 13740

단어 + 문법 + 회화 완전 기초부터 제대로 시작하기

학원을 이기는 독학 영어 첫걸음

박준영 지음

1

LanCom
Language & Communication

'어떻게 하면 영어를 잘할 수 있을까?' 라는 고민은 어른 아이 할 것 없이 21세기를 살아가는 사람들에게 있어 공통되는 것이 아닐까 싶습니다. 물론 영어를 잘하고 싶은 이유는 상황에 따라 취업, 유학, 비즈니스 등의 여러 다른 목적이 있을 수 있습니다. 하지만 넘쳐나는 책들 속에서 무엇을 선택해, 어떻게 공부할지를 결정하기란 쉬운 일이 아닙니다. 그럴수록 자신의 영어 수준을 잘 파악하고 공부의 목적을 뚜렷이 해야 합니다.

이 책은 영어 공부를 한 지 너무 오래되어 새로 시작하려는 분들이나, 꼭 필요한 기본적인 표현들을 배우고자 하는 분들을 위한 기초 영어 교재입니다. 알파벳부터 시작하는 완전 초급의 수준은 아니지만, 영어의 기본기를 다시 세우고자 하는 분들을 위해 중학교 1학년의 수준의 기초 영어부터 시작하여 일상생활에서 많이 사용되는 회화와 문법 위주로 구성을 하였습니다.

영어 공부에는 왕도가 없지만 더 효율적인 방법은 분명히 있습니다.

첫째, 반복 연습을 통해 표현을 통째로 외우는 것입니다.

암기식 공부 방법에는 단점도 있지만 외국어 공부에서 암기와 반복 연습은 누구도 부정할 수 없는 필수 과정입니다. 누가 더 영어를 잘하느냐는 누가 그 상황에 적절한 표현을 더 많이 외웠느냐하는 문제와 직결됩니다. 랭컴출판사 홈페이지(www.lancom.co.kr)에서 무료로 제공하는 원어민의 녹음을 들으면서 반복해서 연습하고 외워보세요!

둘째, 외운 영어 표현을 실제로 활용할 수 있는 기회를 스스로 만들어 보는 것입니다.

꼭 외국인이 아니어도 친구나 직장동료와 함께, 또는 가족과 함께 영어를 연습하는 시간을 정해 놓고 규칙적으로 꾸준히 연습해보세요. 한 가지 꼭 기억해야 할 것은 잘 못하는 것과 실수하는 것을 두려워하지 않는 것입니다. 우리말이 아닌 다른 나라의 언어를 하는데 실수를 하지 않는다면 그것이 더 이상한 거죠.

셋째, 언어는 자신감입니다.

마찬가지로 영어 공부에서 가장 중요한 것은 '나도 영어를 정복할 수 있다!'는 자신감입니다. 영어를 정복하는 것은 불가능한 일이 아닙니다. 그리고 영어를 공부하는 때는 정해져 있지 않습니다. 오히려 내가 영어의 필요성을 절실히 느끼고 자신감 있게 도전하는 그 때가 가장 최적의 때라고 생각합니다.

이제 다시 영어 공부에 도전하는 여러분을 응원하며, 여러분의 목표를 이루는데 이 책이 단단한 디딤돌이 되어 주기를 간절히 바랍니다.

You can do it!

Contents

평서문과 의문문

부정문과 선택의문문

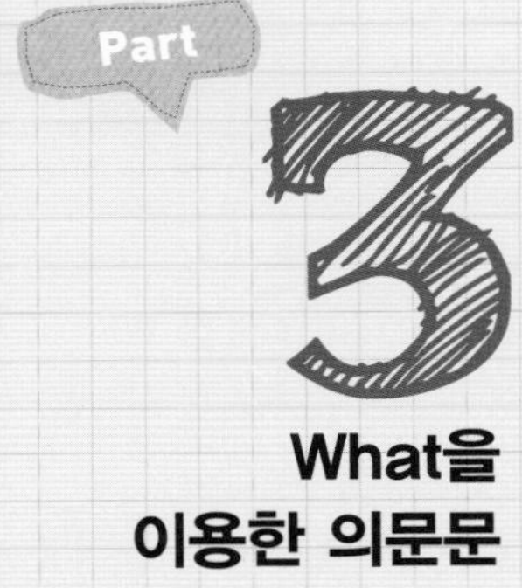

What을 이용한 의문문

형용사

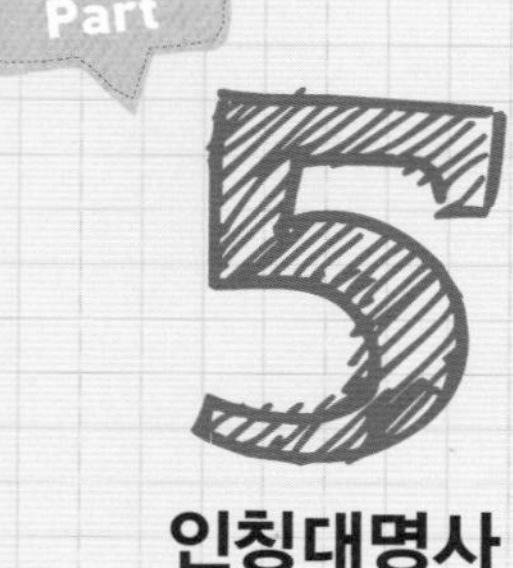

인칭대명사

What과 Who를 이용한 의문문

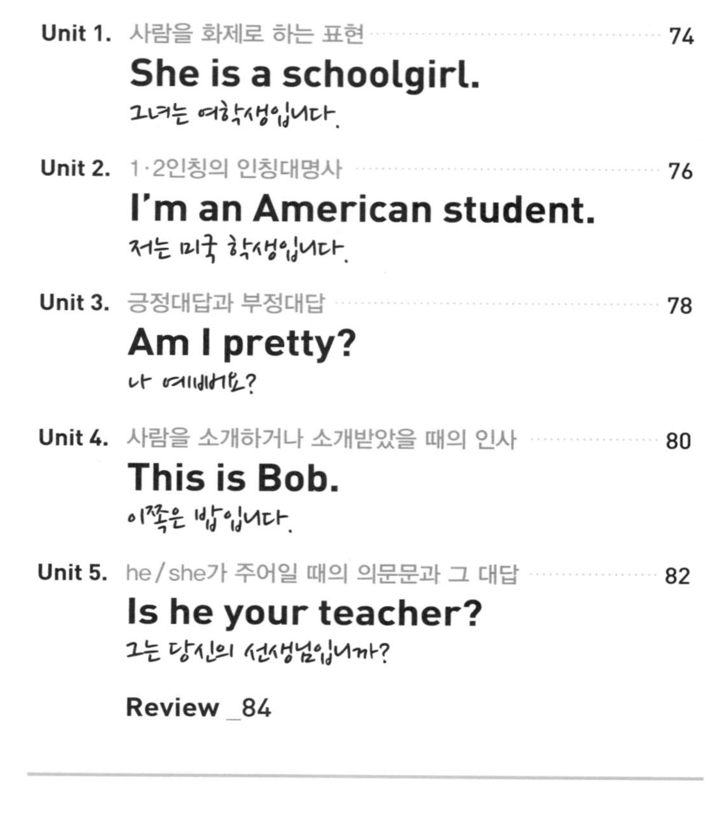

소유격

복수형

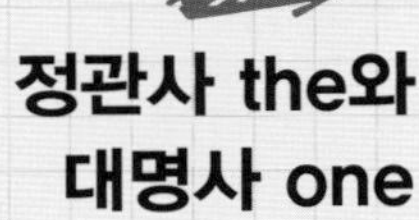

정관사 the와 대명사 one

숫자·요일·날짜 표현

Part

11 have동사의 용법_1

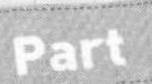

have동사의 용법_2

학원을 이기는

독학 영어 첫걸음

Pronunciation

영어 발음 익히기

영어는 글이기 이전에 말입니다. 이렇게 영어를 말로서 배우는 우리에게는 영미인의 발음을 알아들을 수 있는 능력 못지않게 영미인이 알아들을 수 있을 정도의 좋은 영어 발음을 갖추는 일이 중요합니다.

1 모음 익히기

● **모음** vowel

구분	a	e	i	o	u	ə	ʌ	ɔ	ɛ	æ
소리	아	에	이	오	우	어	어	오	에	애
기호	ㅏ	ㅔ	ㅣ	ㅗ	ㅜ	ㅓ	ㅓ	ㅗ	ㅔ	ㅐ

[a]	입을 크게 벌리고 우리말의 [아]가 아니라 목청이 떨리는 듯한 부드러운 굴절음 소리를 냅니다.
[e]	입술을 옆으로 최대한 벌린 형태를 유지하면서 [에]의 굴절음 소리를 냅니다.
[i]	입술을 옆으로 최대한 벌린 형태를 유지하면서 [이]의 굴절음 소리를 냅니다.
[o]	입술을 동그랗게 만들어, 부드럽고 맑은 [오] 소리를 내면서 입안 전체가 울리는 것 같은 굴절음 소리를 냅니다.
[u]	입술을 모아서 앞으로 내민 상태에서 [우-]의 소리가 울리면서 모아지는 굴절음 소리를 냅니다.
[ə]	입술을 위아래로 조금 벌린 형태를 유지하면서 [어]의 굴절음 소리를 냅니다.

[ɔ]	입술을 동그랗게 만들고, 부드럽고 맑은 [오] 소리보다 입술에 조금 더 힘을 주어서 [오]와 [아]의 중간인 굴절음 소리를 냅니다.
[ʌ], [ɛ]	입술을 원형에 가까운 사각형 모양으로 벌리고, [ʌ]는 [어/아] 소리, ɛ는 [에] 소리가 불완전한 듯이 반탁음에 가까운 소리를 냅니다.
[æ]	혀끝을 아래 이빨 안쪽에 내려 민 상태를 유지하면서 [애-] 소리를 길게 된소리 음으로 냅니다.

♣ **원어민의 발음을 잘 듣고 몇 번이고 따라 읽어보세요.**

[iː]	**tree** [triː] 나무 **key** [kiː] 열쇠	**sea** [siː] 바다 **police** [pəlíːs] 경찰
[i]	**pin** [pin] 핀 **milk** [milk] 우유	**bin** [bin] (뚜껑이 달린 큰) 상자 **gypsy** [ʤípsi] 집시
[e]	**bed** [bed] 침대 **lead** [led] 납	**head** [hed] 머리 **friend** [frend] 친구
[æ]	**man** [mæn] 남성 **map** [mæp] 지도	**gas** [gæs] 가스 **bat** [bæt] 방망이
[ɑː]	**calm** [kɑːm] 고요한 **father** [fɑ́ːðə*r*] 아버지	**palm** [pɑːm] 손바닥
[ɑː*r*]	**card** [kɑː*r*d] 카드 **park** [pɑː*r*k] 공원	**car** [kɑː*r*] 자동차 **arm** [ɑː*r*m] 팔

[ɑ]	**hot** [hɑt / hɔt] 뜨거운 **rock** [rɑk] 바위	**stop** [stɑp] 멈추다 **doll** [dɑl] 인형
[ɔː]	**straw** [strɔː] (밀)짚, 빨대 **lawn** [lɔːn] 잔디	**jaw** [dʒɔː] 턱 **ball** [bɔːl] 공
[ɔː*r*]	**short** [ʃɔː*r*t] 짧은 **door** [dɔː*r*] 문	**floor** [flɔː*r*] 마루 **store** [stɔː*r*] 상점
[uː]	**cool** [kuːl] 시원한 **do** [duː] 하다	**move** [muːv] 움직이다 **you** [juː] 당신
[u]	**book** [buk] 책 **wool** [wul] 양모	**cook** [kuk] 요리사 **good** [gud] 좋은
[ʌ]	**sun** [sʌn] 태양 **oven** [ʌ́vən] 가마	**gun** [gʌn] 총 **blood** [blʌd] 피
[ə]	**ago** [əgóu] 전 **album** [ǽlbəm] 앨범	**agree** [əgríː] 동의하다 **entrance** [éntrəns] 입구
[əː*r*]	**girl** [gəː*r*l] 소녀 **work** [wəː*r*k] 일	**bird** [bəː*r*d] 새 **turn** [təː*r*n] 돌다
[ə*r*]	**center** [séntə*r*] 한가운데 **enter** [éntə*r*] 들어가다	**our** [auə*r*] 우리의 **sister** [sístə*r*] 자매

[ei]	**radio** [réidiò] 라디오 **age** [eidʒ] 나이	**base** [beis] 지하 **gray** [grei] 회색
[ai]	**fly** [flai] 날다 **ice** [ais] 얼음	**eye** [ai] 눈 **buy** [bai] 사다
[au]	**hour** [auə*r*] 시간 **now** [nau] 지금	**owl** [aul] 올빼미 **brow** [brau] 이마
[ɔi]	**oil** [ɔil] 기름 **toy** [tɔi] 장난감	**noise** [nɔiz] 잡음 **boy** [bɔi] 소년
[ou]	**go** [gou] 가다 **oak** [ouk] 오크나무	**home** [houm] 가정 **boat** [bout] 배
[uə*r*]	**poor** [puə*r*] 가난한 **sure** [ʃuə*r*] 확실한	**tour** [tuə*r*] 여행 **your** [juə*r*] 당신의
[iə*r*]	**ear** [iə*r*] 귀 **beer** [biə*r*] 맥주	**near** [niə*r*] 가까운 **clear** [kliə*r*] 깨끗한
[ɛə*r*]	**air** [ɛə*r*] 공기 **chair** [tʃɛə*r*] 의자	**hair** [hɛə*r*] 털 **stair** [stɛə*r*] 계단

2 자음 익히기

● **자음** consonant

유성자음(16개)

구 분	b	d	j	l	m	n	r	v
소 리	브	드	이	러	므	느	르	브
기 호	ㅂ	ㄷ	ㅣ	ㄹ	ㅁ	ㄴ	ㄹ	ㅂ
구 분	z	ʤ	ʒ	tz	ð	h	g	ŋ
소 리	즈	쥐	지	쯔	뜨	흐	그	응
기 호	ㅈ	주	ㅈ	ㅉ	ㄸ	ㅎ	ㄱ	ㅇ

무성자음(10개)

구 분	f	k	p	s	t	ʃ	ʧ	θ	t	ŋ
소 리	프	크	퍼	스	트	쉬	취	쓰	츠	응
기 호	ㅍ	ㅋ	ㅍ	ㅅ	ㅌ	수	추	ㅆ	ㅊ	ㅇ

[d]	혀를 윗니 안쪽에 대고 있다가 입술을 좌우로 벌리면서 혀를 윗니 안쪽에서 떼면서 짧게 내뱉듯이 [드] 소리를 냅니다. 그러나 우리 동양인들은 영어권의 정상적인 혀를 붙이는 습관이 잘 안 되기 때문에 조금 더 강하게 혀를 문다. [d]는 혀의 끝에서 1㎜ 안쪽을 아래위 이로 뭅니다.

[t]	혀끝을 윗니 끝에 대고 있다가 입술을 좌우로 벌리면서 혀를 윗니 끝에서 떼면서 짧게 내뱉듯이 [트] 소리를 냅니다. 그러나 우리 동양인들은 영어권의 정상적인 혀 붙이는 습관이 잘 안 되기 때문에 조금 더 강하게 혀를 문다. [t]는 혀의 끝을 아래위 이로 뭅니다.
[l]	혀끝으로 입천장을 누르면서 [러] 소리를 박차듯이 내는 순간 혀는 입안 중간에 위치하면서 경쾌하고 맑은 소리가 나옵니다.
[n]	윗니와 아랫니로 혀끝을 조금 물고 있다가 입술을 좌우로 벌리면서 물었던 혀를 떼면서 짧게 내뱉듯이 [느] 소리를 냅니다. 그러나 우리 동양인들은 영어권의 정상적인 혀를 붙이는 습관이 잘 안 되기 때문에 조금 더 강하게 혀를 뭅니다. [n]는 [d] 음보다 1㎜ 안쪽을 아래위 이로 뭅니다.
[r]	혀를 말아 입안 중간에 띄우고 약하게 떨면서 맑지 못한 [르] 소리를 내면서 입술을 좌우로 벌리고 타원형에 가까운 모양을 냅니다.
[f]	윗니로 아랫입술 안쪽을 물었다가 떼면서 약하게 [프] 소리처럼 내면서 입술은 좌우로 움직이는 형태가 됩니다.
[m] [b], [p]	입술을 다물었다가 급하게 옆으로 엷게 벌리면서 m은 [므], [b]는 [버], [p]는 [퍼]로 소리가 입술 밖으로 퍼지듯이 소리를 짧게 냅니다.
[k] [g], [h]	아랫입술의 좌우를 아래쪽으로 끌어내리면서 최대한 사각형을 만든 상태에서 윗입술을 움직이지 않고, [k]는 [크], [g]는 [그], [h]는 [흐]처럼 된소리를 냅니다.
[s], [z]	입술을 옆으로 최대한 벌린 형태를 유지하면서 [s]는 [스], [z]는 [즈]의 굴절음 소리를 냅니다.
[ʧ], [ʤ]	입술을 모아서 앞으로 내민 상태에서 [ʧ]는 [취], [ʤ] 는 [쥐]의 소리가 울리면서 모아지는 굴절음 소리를 냅니다.
[ʃ]	입술을 모아서 앞으로 내민 상태에서 [쉬]의 소리가 울리면서 모아지는 굴절음 소리를 냅니다.

[ʒ]	입술을 모아서 앞으로 내민 상태를 유지하고 [즈]의 소리가 울리면서 모아지는 굴절음 소리를 냅니다.
[θ], [ð]	윗니와 아랫니로 혀 중간까지 가볍게 물면서 빼냈다가 안쪽으로 들이밀면서 [θ]는 [쓰], [ð]는 [뜨] 소리를 둔탁한 느낌으로 냅니다.
[ŋ]	입술을 가볍게 모아서 옆으로 벌리면서 [응]에 가까운 소리를 냅니다.

♣ **원어민의 발음을 잘 듣고 몇 번이고 따라 읽어보세요.**

[p]	**pen** [pen] 펜 **soup** [su:p] 수프	**ship** [ʃip] 배 **spoon** [spu:n] 숟가락
[b]	**back** [bæk] 뒤 **tub** [tʌb] 통	**bag** [bæg] 가방 **ribbon** [ríbən] 리본
[t]	**top** [tɑp] 정상 **tent** [tent] 텐트	**ten** [ten] 10 **eat** [i:t] 먹다
[d]	**dress** [dres] 드레스 **dog** [dɔ:g] 개	**garden** [gá:*r*dn] 정원 **window** [wíndou] 창문
[k]	**cat** [kæt] 고양이 **quick** [kwik] 빠른	**coffee** [kɔ́:fi] 커피 **picnic** [píknik] 소풍
[g]	**gate** [geit] 문 **organ** [ɔ́:*r*gən] 오르간	**egg** [eg] 달걀 **flag** [flæg] 깃발

[s]	**sand** [sænd] 모래 **lesson** [lésn] 학과	**six** [siks] 6 **rice** [rais] 쌀
[z]	**zoo** [zuː] 동물원 **jazz** [dʒæz] 재즈	**cousin** [kʌ́zn] 사촌 **rose** [rouz] 장미
[f]	**face** [feis] 얼굴 **office** [ɔ́:fis] 사무소	**left** [left] 왼쪽 **half** [hæf, hɑ:f] 반
[v]	**five** [faiv] 5 **veil** [veil] 베일	**stove** [stouv] 스토브 **visit** [vízit] 방문하다
[θ]	**third** [θə:*r*d] 세 번째의 **south** [sauθ] 남쪽	**throw** [θrou] 던지다 **breath** [breθ] 호흡
[ð]	**this** [ðis] 이것 **mother** [mʌ́ðə*r*] 어머니	**there** [ðɛə*r*] 거기에 **weather** [wéðə*r*] 날씨
[ʃ]	**fish** [fiʃ] 물고기 **sugar** [ʃúgə*r*] 설탕	**shoe** [ʃu:] 구두 **machine** [məʃí:n] 기계
[ʒ]	**rouge** [ru:ʒ] 루즈 **usual** [jú:ʒuəl] 항상	**leisure** [lí:ʒə*r*] 여가 **vision** [víʒən] 시력, 상상력
[m]	**match** [mætʃ] 성냥 **come** [kʌm] 오다	**maid** [meid] 하녀 **summer** [sʌ́mə*r*] 여름

[n]	**name** [neim] 이름 **stand** [stænd] 서다	**net** [net] 그물 **run** [rʌn] 달리다
[ŋ]	**ink** [iŋk] 잉크 **singer** [síŋə*r*] 가수	**English** [íŋgliʃ] 영어 **king** [kiŋ] 왕
[l]	**light** [lait] 빛 **all** [ɔ:l] 모든	**well** [wel] 잘 **lady** [léidi] 숙녀
[r]	**red** [red] 붉은 **story** [stɔ́:ri] 이야기	**rain** [rein] 비 **green** [gri:n] 녹색
[h]	**hen** [hen] 암탉 **ahead** [əhéd] 앞에	**hat** [hæt] 모자 **perhaps** [pə*r*hǽps] 아마
[j]	**yes** [jes] 예 **Italian** [itǽljən] 이탈리아 사람	**young** [jʌŋ] 젊은 **yellow** [jélou] 노랑
[w]	**west** [west] 서쪽 **queen** [kwi:n] 여왕	**wave** [weiv] 파도 **swan** [swɑn] 백조
[tʃ]	**church** [tʃə:*r*tʃ] 교회 **kitchen** [kítʃən] 부엌	**catch** [kætʃ] 잡다 **picture** [píktʃər] 그림
[dʒ]	**jump** [dʒʌmp] 뛰다 **engine** [éndʒin] 엔진	**jet** [ʤet] 제트기 **magic** [mǽdʒik] 마술

Part

평서문과 의문문

Unit 01

학습일

가까이 있는 것을 가리킬 때 / This is ~

This is a book.

이것은 책입니다.

STEP 1 여러 번 듣고 소리내어 반복해서 읽어보세요.

A **This is a book.**
디스 이즈 어 북

B **This is a pen.**
디스 이즈 어 펜

A **This is a desk.**
디스 이즈 어 데스크

B **This is a chair.**
디스 이즈 어 체어

A 이것은 책입니다.

B 이것은 펜입니다.

A 이것은 책상입니다.

B 이것은 의자입니다.

this [ðis] 이것(은) **is** [iz] …이다 **a** [ə] 1개의 **book** [buk] 책 **pen** [pen] 펜 **desk** [desk] 책상
chair [tʃɛər] 의자 **bed** [bed] 침대

STEP 2 이것만은 꼭 알아두세요.

This is a book.

> **This is ~**는 '이것은 ~입니다'를 나타냅니다. 이처럼 영어는 우리말과 어순이 다르다는 점에 주의합시다. **this**는 '지시대명사'로 가까이에 있는 것을 지칭할 때 사용하며 복수형은 **these**입니다.

> **a book**에서 **a**를 '관사'라고 하는데, 본래 '한 개의' 라는 의미를 가지고 있지만 아주 가벼운 의미로 쓰이므로 우리말 번역은 굳이 하지 않아도 됩니다. 하지만 영어에서 관사는 반드시 있어야 합니다.

> 관사 다음의 단어가 모음(**a, e, i, o, u**)으로 발음되면 **an**을 사용합니다.

> 영어에서는 문장의 첫 글자는 대문자로 쓰고 마칠 때에는 마침부호(.)를 붙입니다. (마침부호를 피어리어드라고 합니다.)

> **This is a book.** 이라는 인토네이션과 리듬에 주의합시다.

> **this**의 [ð] 발음에 주의하여 혀를 이에 가볍게 대고 발음합니다.

STEP 3 실전 말하기 훈련

그림을 보고 밑줄 친 곳에 단어를 넣어 보기와 같이 '이것은 ~입니다.' 라고 말해 봅시다.

| 보기 |

This is a ____________.

1. pen [pen]

2. chair [tʃɛər]

3. desk [desk]

4. bed [bed]

Unit 02

학습일

가까이 있는 것을 묻고 답할 때 / Is this ~?

Is this a desk?

이것은 책상입니까?

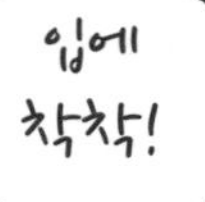

STEP 1 여러 번 듣고 소리내어 반복해서 읽어보세요.

A **Is this a desk?**
이즈 디스 어 데스크

B **Yes, it is. It's a desk.**
예스, 잇 이즈. 잇츠 어 데스크

A **Is this a chair?**
이즈 디스 어 췌어

B **Yes, it is. It's a chair.**
예스, 잇 이즈. 잇츠 어 췌어

A 이것은 책상입니까?

B 예, 그렇습니다. 책상입니다.

A 이것은 의자입니까?

B 예, 그렇습니다. 의자입니다.

yes [jes] 예 **it** [it] 그것(은) **it's** [its] it is의 단축형 / **pencil** [pénsəl] 연필 **ball** [bɔːl] 공

STEP 2 이것만은 꼭 알아두세요.

Is this a desk?

> This is a desk.와 같은 문장을 평서문(주어 + 동사 ~)이라고 합니다.
의문문(동사 + 주어 ~?)은 평서문의 어순을 바꾸어서 만듭니다.

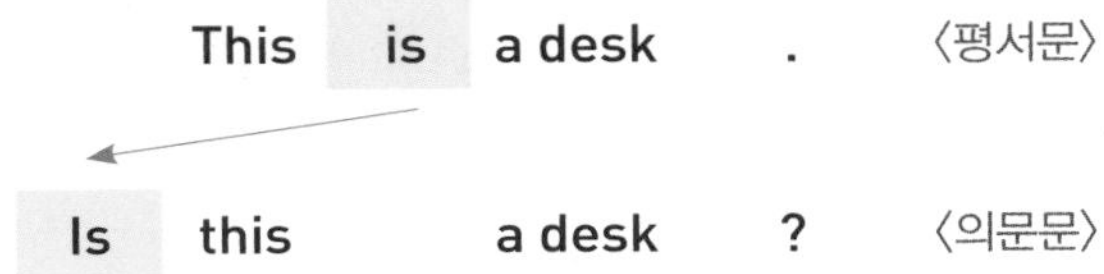

> 의문문은 말끝을 올리는 인토네이션으로 합니다. Is this a desk?

> 의문문은 문장 끝에 마침부호 대신 의문부호(?)를 붙입니다.

Yes, it is.

> '예, 그렇습니다.' 라는 뜻의 대답으로 이처럼 yes로 하는 대답을 '긍정대답' 이라고 하며 인토네이션은 Yes, it is. 또는 Yes, it is. 입니다.

It's a desk.

> it은 한 번 화제에 올랐던 것을 받는 말입니다. It's는 It is의 단축형으로 (')는 단축되었다는 표시로 '어퍼스트로피' 라고 하며 회화체에서는 이처럼 단축형이 많이 쓰입니다.

STEP 3 실전 말하기 훈련

그림을 보고 보기와 같이 연습해 봅시다. (괄호 속의 ?는 의문형으로 하라는 것이고, Yes는 긍정으로 대답하라는 것입니다.)

| 보기 |

This is a book.
(a book?) Is this a book?
(Yes) Yes, it is. It's a book.

1. pencil [pensl]

2. ball [bɔːl]

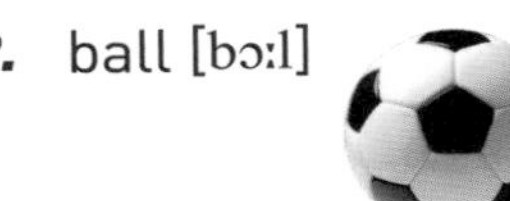

3. chair [tʃɛər]

Unit 03

학습일 

멀리 있는 것을 가리킬 때 / That is ~

That is a table.

저것은 테이블입니다.

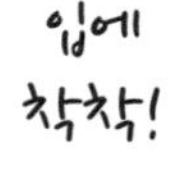

STEP 1 여러 번 듣고 소리내어 반복해서 읽어보세요.

A **This is a desk.**
디스 이즈 어 데스크

B **That is a table.**
댓 이즈 어 테이블

A **This is a hat.**
디스 이즈 어 햇

B **That is a cap.**
댓 이즈 어 캡

A 이것은 책상입니다.

B 저것은 테이블입니다.

A 이것은 (테가 있는) 모자입니다.

B 저것은 (테가 없는) 모자입니다.

that [ðæt] 저것(은) **table** [téibəl] 테이블 **hat** [hæt] (테가 있는) 모자 **cap** [kæp] (테가 없는) 모자

STEP 2 이것만은 꼭 알아두세요.

That is a table.

> **that**은 '저것(은)' 이라는 의미로 말하는 사람에게서 멀리 있는 것을 가리키는 말입니다. 가까이 있는 것을 가리키는 **this**와의 차이에 주의합시다.
우리말에서는 상대방에게 가까이 있는 것은 '그것' 이라고 하지만 영어에서는 이 경우에도 **that**을 씁니다.
다음의 도표는 '이것', '그것', '저것' 을 비교한 것입니다.

한국어	영어
이것	**this**
그것	**that**
저것	

> **that**의 [ð]는 **this**와 같이 혀를 이에 대고 발음합니다.
> **that hat, cap**의 [æ]는 입을 옆으로 넓게 벌려서 발음합니다.
> **that**과 **this**에 강한 강세가 있습니다.

STEP 3 실전 말하기 훈련

그림을 보고 가까이에 있는 것은 This is a _____.로, 멀리 있는 것은 That is a _____.로 말해 봅시다.
(⦿는 말하는 사람에게서 멀리 있는 것을 나타냅니다.)

| 보기 |
- This is a _________.
- That is a _________.

1. hat [hæt] 

2. ⦿ bed [bed] 

3. ⦿ ball [bɔːl] 

4. cap [kæp] 

5. ⦿ desk [desk] 

학습일

멀리 있는 것을 묻고 답할 때 / Is that ~?

Is that a map, too?

저것도 지도입니까?

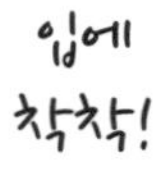

STEP 1 여러 번 듣고 소리내어 반복해서 읽어보세요.

A **Is this a map?**
이즈 디스 어 맵

B **Yes, it is. It's a map.**
예스, 잇 이즈. 잇츠 어 맵

A **Is that a map, too?**
이즈 댓 어 맵, 투

B **Yes, it is. It's a map, too.**
예스, 잇 이즈 . 잇츠 어 맵, 투

A 이것은 지도입니까?

B 예, 그렇습니다. 지도입니다.

A 저것도 지도입니까?

B 예, 그렇습니다. 그것도 지도입니다.

map [mæp] 지도 **too** [tu:] …도 역시

STEP 2 이것만은 꼭 알아두세요.

Is that a map, too?

> 의문문은 **Is that ~?**과 같이 평서문(**That is ~**)의 어순을 바꾸어서 만들며 말끝을 올립니다.

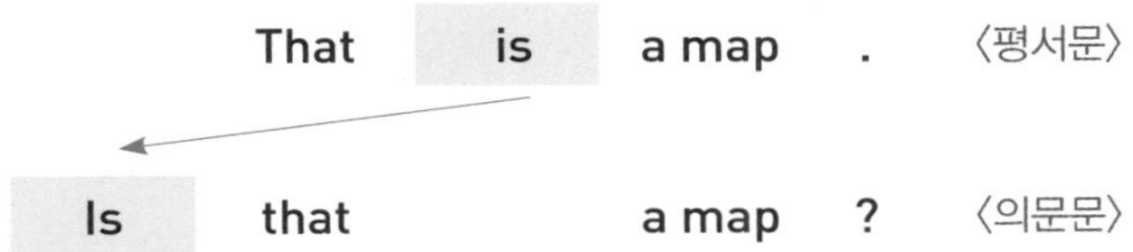

too '…도 역시'는 보통 콤마(,)로 구분해서 문장의 뒤에 놓입니다.

Is that ~?

> 이 패턴의 물음에 대해 '예, 그렇습니다.'라는 긍정대답은 **Is this ~?**의 경우와 같이 **Yes, it is.**로 합니다. 반대로 '아니오, 그렇지 않습니다.'라는 부정대답은 **No, it isn't.**로 합니다.

STEP 3 실전 말하기 훈련

그림을 보고 보기와 같이 연습해 봅시다.

| 보기 |

That is a table.

(a table?) Is that a table?
(Yes) Yes, it is. It's a table.
(that, too?) Is that a table, too?
(Yes) Yes, it is. It's a table, too.

1. chair [tʃɛər]

2. ball [bɔːl]

Point 1 영어의 어순과 평서문 (…은 ~입니다)

영어와 우리말의 큰 차이는 어순(말의 순서)으로 우리말은 '이것은 책입니다' 라는 어순인데, 영어는 '이것은 입니다 책' 이라는 어순으로 말합니다.

This(이것은) **is**(입니다) **a book**(책).이라는 어순을 잘 알아둡시다.

이처럼 하나의 종합된 생각을 나타낸 것을 '문장' 이라고 하며 문장 속에서 '…은' 에 해당하는 부분을 '주어', '~입니다' 에 해당하는 부분을 '술어' 라고 합니다. 우리말이나 영어나 〈주어 + 술어〉로 구성된다는 것은 같지만, 영어는 술어인 '입니다' 에 해당하는 부분을 먼저 말합니다.

이것은 발음에도 영향을 미칩니다. 즉, 문장 내에서 의미상 중요한 것은 주어와 술어 내에서의 '~입니다' 의 '~' 에 해당하는 부분입니다. 중요한 부분은 당연히 상대방이 잘 알아들을 수 있도록 확실히 말할 필요가 있습니다. 우리말에서도 '이것은' 과 '책' 을 강하게 말하고 '입니다' 는 작은 소리로 말한다는 것을 알 수 있습니다.

반대로 '이것은 책이 아닙니다.' 라고 부정인 문장을 말할 경우에는 부정이라는 것이 의미상 중요하므로 '아닙니다' 를 강하게 말하게 됩니다. 따라서 우리말의 '이것은 책입니다.' 와 같은 문장에서 '입니다' 부분은 소리가 작아도 상관 없습니다.

그러나 영어는 '~' 의 부분 즉, '책(**book**)' 이라는 말이 문장 끝에 오게 되므로 문장의 끝에 중요한 의미가 담겨 있게 됩니다.

그래서

This is a book.

과 같이 문장 끝부분을 강하고 높은 인토네이션으로 말하는 것입니다.

Point 2 의문문 (…은 ~입니까?)

질문하는 문장을 의문문이라고 합니다. 우리말은 '이것은 책입니까?' 와 같이 '~까?'를 붙여 의문문을 만듭니다. 하지만 영어는 주어와 술어의 위치를 바꾸어서 의문형 〈동사 + 주어 ~?〉를 만듭니다. 즉,

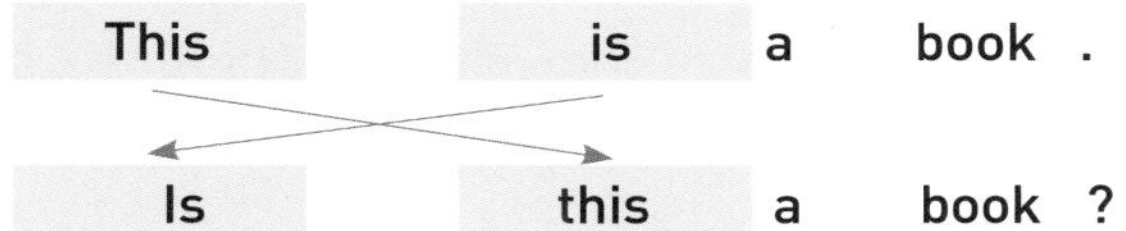

과 같이 만들면 됩니다. 의문형은 말끝을 올리는 어조로 말하며 이런 방식으로 만드는 의문형은 '…은 ~입니다'라는 패턴에서는 모두 같으므로 이 규칙을 잘 알고 있으면 '…은 ~입니까?'라는 의문을 나타내는 패턴은 쉽게 만들 수 있습니다.

그런데 이것이 의문형을 만드는 유일한 방법은 아닙니다. 회화에서는 말끝을 올리는 것만으로 의문형을 만들 수 있습니다. 예를 들면,

This is a book?

이라고 평서문 그대로를 말끝을 올리는 어조로 말해도 의문의 의미를 나타낼 수 있습니다. 그러나 이와 같은 의문형은 회화에서만 사용되는 격의 없는 느낌이 들기 때문에 언제 어디서라도 사용할 수 있는 의문형, 글을 쓸 경우에도 공통되는 의문형으로서 **Is this a book?** 같은 의문문을 알아둘 필요가 있습니다.

Point 3 질문에 대한 긍정대답

질문에 대한 대답으로 '예, 그렇습니다'는 영어로 **yes**라는 말을 빠뜨려서는 안 됩니다. 우리말에서는 '그렇습니다'만으로도 충분하지만, 영어에서는 원칙적으로 **yes**가 필요합니다. 특별한 경우 **yes**가 없어도 될 때가 있지만 일반적으로 **yes**가 없으면 틀린다고 생각하고, 표기할 경우에는 **yes** 다음에 콤마(,)를 붙입니다(단, **yes**만으로 대답하는 경우에는 마침부호(.)를 붙입니다). 대답은 **Yes.**만으로도 충분하지만 **Is this ~?**에 대해서는 **Yes, it is.**라고 대답하는 것이 정중합니다. **Yes, it is.**는 **Yes, it is (a ~)**의 ( )부분이 생략된 것으로 완전한 형태의 대답은 **Yes, it is. It's a ~**입니다.

Point 4 관사 a

관사란 명사 앞에 쓰여서 명사의 성격을 밝혀주는 것으로 **This is a book.**(이것은 책입니다.)에서 **a**를 '관사'라고 하며 '하나의'라는 가벼운 의미를 나타냅니다.

우리말에는 영어의 관사에 해당하는 것이 없으므로 관사를 이해하기가 쉽지 않습니다. 영어에서는 무엇이든 하나의 사물에 대해 말할 때는 반드시 **a**라는 관사가 필요하다는 것만 우선 알아둡시다.

Point 5 지시사 this, that, it

우리말에도 '이것', '그것', '저것'과 같은 사물을 가리키는 말(지시사)이 있습니다. '이것'은 말하는 사람과 가까운 것, '그것'은 상대방에서 가까운 것, '저것'은 말하는 사람과 상대방 모두에서 멀리 떨어져 있는 것을 가리킵니다.

영어에서 **this**는 말하는 사람과 가까이 있는 사물을 가리키는 말로 우리말의 '이것'과 같습니다. 하지만 **that**은 말하는 사람에게서 멀리 떨어져 있는 사물을 가리키는 말로 그것이 상대방에게 가까이 있든지, 말하는 사람과 상대방 모두에게서 떨어져 있든지 영어에서는 그것을 구별하지 않습니다. 따라서 **that**은 우리말의 '그것'과 '저것' 모두에 해당합니다.

또한 이 장에서 나온 것 중에 **it**이 있는데, **it**은 **this**, **that**과 같이 사물을 가리키는 말은 아닙니다. 한번 화제 올랐던 사물을 받는 말로 '그것'에 해당합니다. 따라서 시선을 향하거나 손으로 가리키면서 '그것을 집어 주세요.' 또는 '그것은 무엇입니까?'라고 할 때의 '그것'과는 다른 것으로 이런 의미로의 '그것'은 **that**을 써야 합니다.

A : Is this your pen? 이것은 당신 펜입니까?
B : Yes, it is. It's my pen. 네, 그렇습니다. 제 펜입니다.

A : Is that a chair? 저것은 의자입니까?
B : Yes, it is. It's a chair. 네, 그렇습니다. 의자입니다.

이 **Part**에서는 질문에 대한 긍정대답을 배웠습니다.

Is this a desk?에 대한 긍정대답은 **Yes, it is. It's a desk.**가 되지만 그 번역을 '예, 그렇습니다. 책상입니다.' 라고 해두었습니다. 우리말로서는 이것이 가장 자연스런 표현입니다. 만일 '예, 그렇습니다. 그것은 책상입니다.' 라고 하면 '그것은' 은 왠지 책상을 가리켜서 말하고 있는 듯한 느낌이 듭니다.

만일 책상을 가리켜서 말하고 있다면 **Yes, it is. That is a desk.**라고 해야 합니다. 이처럼 영어의 **it**은 경우에 따라 우리말로는 해석하지 않아도 되는 경우가 있습니다.

학원을 이기는

독학 영어 첫걸음

Part

부정문과 선택의문문

Unit 01

학습일  

질문에 대한 부정대답

No, it isn't. It's not a book.

아뇨, 아닙니다. 그것은 책이 아닙니다.

STEP 1 여러 번 듣고 소리내어 반복해서 읽어보세요.

A **Is that a table?**
이즈 댓 어 테이블

B **Yes, it is. It's a table.**
예스, 잇 이즈. 잇츠 어 테이블

A **Is this a table, too?**
이즈 디스 어 테이블, 투

B **No, it isn't. It isn't a table. It's a desk.**
노우, 잇 이즌트. 잇 이즌트 어 테이블. 잇츠 어 데스크

A **Is that a book?**
이즈 댓 어 북

B **No, it isn't. It's not a book. It's a magazine.**
노우, 잇 이즌트. 잇츠 낫 어 북. 잇츠 어 매거진

A 저것은 테이블입니까?
B 예, 그렇습니다. 테이블입니다.
A 이것도 테이블입니까?
B 아뇨, 아닙니다. 테이블이 아닙니다. 책상입니다.
A 저것은 책입니까?
B 아뇨, 아닙니다. 그것은 책이 아닙니다. 잡지입니다.

no [nou] 아니오 **isn't** [iznt] ~가 아니다 **not** [nɑt] ~가 아니다 **magazine** [mæ̀gəzíːn] 잡지

STEP 2 이것만은 꼭 알아두세요.

No, it isn't.

> 보통 의문문에 대해서는 반드시 **yes** 또는 **no**로 대답합니다.
Yes. / No. 만으로도 최소한의 대답은 되며 **isn't**는 **is not**의 단축형이고 **no**와 **isn't**에 강한 강세가 있습니다.

It isn't a table.

> ⓐ **It is a table.** ⓑ **It is not a table.**
ⓑ를 부정문이라 하며 동사 **is** 다음에 부정어 **not**이 옵니다.

부정대답

> **No. / No, it isn't. / No, it isn't. It isn't a table.**
No, it isn't. It isn't a table. It's a desk.
No, it isn't. It's a desk. / No, It's a desk.
의 어느 것이라도 좋지만 상세하게 말해주는 것이 보다 정중한 표현입니다.

It's not a book. / It isn't a book.

> 단축형은 양쪽 다 가능합니다.

STEP 3 실전 말하기 훈련

그림을 보고 보기와 같이 말해 봅시다.
(왼쪽에 있는 그림이 가까이 있는 것, 오른쪽에 있는 그림이 멀리 있는 것)

| 보기 |

This is a pen.

(a pen?) Is this a pen? (Yes) Yes, it is. It's a pen.
(that, too?) Is that a pen, too? (No) No, it isn't. It isn't a pen.
It's a pencil.

1. cap hat

2. desk table

3. chair bed

Unit 02

학습일

평서문(This is ~ / That is ~)의 부정

This isn't a pencil.

이것은 연필이 아닙니다.

STEP 1 여러 번 듣고 소리내어 반복해서 읽어보세요.

A **This isn't a pencil.**
디스 이즌트 어 펜슬
It's a ball-point pen.
잇츠 어 볼 포인트 펜

B **That isn't a watch.**
댓 이즌트 어 와취
It's a clock.
잇츠 어 클락

A 이것은 연필이 아닙니다.
볼펜입니다.

B 저것은 손목시계가 아닙니다.
벽시계입니다.

ball-point pen [bɔ́:lpɔ̀int pen] 볼펜 **watch** [watʃ] 손목시계 **clock** [klak] 벽시계

STEP 2 이것만은 꼭 알아두세요.

This isn't a pencil. / That isn't a watch.

> 이러한 평서문을 부정하기 위해서는 동사(**is**) 뒤에 **not**을 씁니다.
isn't는 **is not**의 단축형으로 **not**의 위치에 주의합시다.

This[That] is a pencil. 〈긍정문〉
This[That] is **not** a pencil. 〈부정문〉

인토네이션에 주의

> This isn't a pencil.

1부터 10까지의 기수

> **one** [wʌn], **two** [tuː], **three** [θriː], **four** [fɔːr], **five** [faiv], **six** [siks],
seven [sévən], **eight** [eit], **nine** [nain], **ten** [ten]

STEP 3 실전 말하기 훈련

보기와 같이 '이것은 ~가 아닙니다, ~입니다.' 라고 말해 봅시다.

| 보기 |

This is a pen.
(not a pen, a pencil) This isn't a pen. It's a pencil.

1. This is a cap. (not a cap, a hat)
2. This is a table. (not a table, a desk)
3. That is a book. (not a book, a magazine)
4. That is a bed. (not a bed, a chair)

Unit 03

학습일  

소유를 나타낼 때

Is this your pen?

이것은 당신의 펜입니까?

STEP 1 여러 번 듣고 소리내어 반복해서 읽어보세요.

A **Is this your pen?**
이즈 디스 유얼 펜

B **No, it isn't. It isn't my pen.**
노우, 잇 이즌트. 잇 이즌트 마이 펜

It's your pen.
잇츠 유얼 펜

A **Is that my bag?**
이즈 댓 마이 백

B **No, it's not. It's my bag.**
노우, 잇츠 낫. 잇츠 마이 백

A 이것은 당신 펜입니까?

B 아뇨, 아닙니다. 내 펜이 아닙니다.

당신의 펜입니다.

A 저것은 내 가방입니까?

B 아뇨, 아닙니다. 내 가방입니다.

your [juər] 당신의 **my** [mai] 나의 **bag** [bæg] 가방

STEP 2 이것만은 꼭 알아두세요.

Is this your pen?

> '당신의 펜' 이라고 할 때에는 **your**를 **pen** 앞에 놓습니다. 이때는 관사 **a**를 붙이지 않습니다.

It isn't my pen.

> '내 펜' 이라고 할 때에는 **my**를 **pen** 앞에 놓습니다.

No, it's not.

> **No, it isn't.**로 바꿔 말할 수 있으며, 이처럼 단축형은 둘다 가능합니다.

발음

> '당신의' 또는 '나의' 에 중요성이 있을 때는 **your**와 **my**에 강한 강세를 둡니다. 특히 대답할 때는 **your**와 **my**를 강하게 발음합니다.

STEP 3 실전 말하기 훈련

그림을 보고 보기와 같이 '이것은 당신의 ~입니까?' '아뇨, 아닙니다. 나의 ~가 아닙니다. 당신의 ~입니다.' 라고 말해 봅시다.

| 보기 |

This is my book.

(your book?)	Is this your book?
(No, your book)	No, it isn't. It isn't my book. It's your book.

1. watch 

2. clock 

3. map 

학습일

선택의문문(A or B)과 그 대답 표현

Is this a book or a notebook?

이것은 책입니까, 아니면 노트입니까?

STEP 1 여러 번 듣고 소리내어 반복해서 읽어보세요.

A **Is this a book or a notebook?**
이즈 디스 어 북 오어러 노우트북

B **It's a notebook.**
잇츠 어 노우트북

A **Is it your notebook or my notebook?**
이즈 잇 유얼 노우트북 오어 마이 노우트북

B **It's my notebook.**
잇츠 마이 노우트북

A 이것은 책입니까, 아니면 노트입니까?

B 노트입니다.

A 당신의 노트입니까, 아니면 내 노트입니까?

B 내 노트입니다.

or [ɔːr] ~ 그렇지 않으면 … **notebook** [nóutbùk] 노트

STEP 2 이것만은 꼭 알아두세요.

Is this a book or a notebook?

> 'A입니까, 그렇지 않으면 B입니까?' 라고 묻는 것을 '선택의문문(A or B 의문문)' 이라고 합니다. 선택의문문은 제한된 범위의 특정한 것들 중에서 하나를 선택하는 의문문으로, 이때 A나 B는 서로 비교의 대상이 되어야 합니다. or는 '또는, ~인가 아니면 …' 이라는 의미의 연결어로 이와 같은 연결어를 접속사라고 합니다.

인토네이션

> Is this a book or a notebook?

or 앞에는 올리고 문장의 끝부분은 내리는 어조로 합니다.

It's a notebook.

> A or B 의문문의 대답은 yes, no로 할 수 없습니다.

STEP 3 실전 말하기 훈련

그림을 보고 밑줄 친 곳에 단어를 넣고 '이것은 ~입니까, 아니면 …입니까?' '~입니다.' '당신의 ~입니까, 아니면 나의 ~입니까?' '나의 ~입니다.' 라고 말해 봅시다.

| 보기 |

A. Is this a __________ or a __________?
It's a __________. (왼쪽의 그림과 오른쪽 그림 중 하나로)

B. Is it your __________ or my __________? (A의 대답을 이용해서)
It's my __________.

1. pen, pencil

2. watch, clock

3. book, magazine

Point 1 부정문

'…가 아니다'와 같은 문장을 부정문이라고 합니다. 우리말은 부정을 나타내는 '아니다' 또는 '아닙니다'가 문장의 끝에 오지만 영어에서는 **not**을 **is** 다음에 넣어서 부정문을 만듭니다. 그러므로 '이것은 연필이 아닙니다.'는 영어로

This is not a pencil.

이 됩니다. 이처럼 긍정문 **This is a pencil.**의 **is** 뒤에 **not**을 넣으면 부정문이 되는 것입니다. 같은 방법으로 '저것은 테이블이 아닙니다.'는

That is not a table.

이라고 합니다. 아주 간단하므로 단어만 알고 있으면 '이것은 ~가 아닙니다'나 '저것은 ~가 아닙니다'라고 말할 수 있습니다. 발음할 때에는 **not**에 강한 악센트를 넣어서 말합니다.

회화에서는 **not**이 앞에 있는 **is**와 함께 **isn't**로 단축해서 흔히 사용됩니다. 단축형을 사용하면 위에 예로 든 부정문은 각각

This isn't a pencil.
That isn't a table.

이 됩니다. (**not**의 악센트는 **ísn't**처럼 **i**로 이동합니다.)

질문에 대한 부정대답은 다음과 같이 만듭니다. **Is this a pencil?** '이것은 연필입니까?'라는 질문에 '아뇨, 아닙니다.'라는 대답은

No, it isn't.

가 됩니다. 보통 질문의 대답에는 반드시 **yes**와 **no**를 붙여야 하므로 부정대답은 먼저 **No**로 시작합니다. **Yes**로 대답할 때와 마찬가지로 표기할 때에는 반드시 콤마(,)를 붙입니다(**No**만으로 대답할 때에는 콤마 대신에 피리어드(.)를 붙입니다). **No, it isn't.**는 **No, it isn't a pencil.**을 줄인 표현으로 부정대답은 앞에서도 설명한 것처럼 여러 가지 대답이 가능하지만 **No, it isn't.**가 가장 일반적입니다. 그 다음에 **It isn't a pencil.**이라는 부정문을 덧붙이

면 정중한 대답이 됩니다.

부정문과 단축형

not은 앞에 있는 말과 연결되어 단축형을 만드는 경우가 많은데 부정문에는 **isn't**라는 단축형이 자주 사용됩니다. 단축형을 반드시 써야 하는 것은 아니지만 회화에서는 단축형을 사용하는 것이 일반적이고 사용하지 않으면 부정의 의미를 더욱 강조하는 느낌이 됩니다.

그런데 **is**도 **not**과 같이 앞에 있는 말과 단축형을 만듭니다.

That is → That's, It is → It's와 같이 **is**는 **'s**(발음은 [s])로 됩니다. 그러나 **This is**는 단축형이 없습니다. 그것은 **This**는 [s]음으로 끝나므로 **is**를 단축한 **-s**가 붙으면 발음하기가 어렵기 때문입니다. 따라서 **is**와 **not**이 모두 단축형을 만들므로 부정문에서는

1) **That is not** ~을 **That's not** ~아니면 **That isn't** ~로 할 것인지

2) **It is not** ~을 **It's not** ~ 아니면 **It isn't** ~로 할 것인지

라는 문제가 생깁니다. 하지만 **That's n't**나 **It's n't** 형태는 없습니다. 이처럼 두 개를 붙여서 단축할 수 없으며 **This is**는 **This's**라고 할 수 없으므로 **This is not** ~은 **This isn't** ~라고 할 수밖에 없습니다.

위의 **1**), **2**)의 경우는 양쪽 모두 사용이 가능합니다. 어느 것을 사용할 것인가는 개인의 자유입니다. 영어를 사용하는 나라에서는 지역에 따라서도 어느 쪽을 많이 사용하는가에 다소 차이가 있고 개인 마다에도 그 차이가 있습니다. 그러나 상세히 설명하자면 다소 의미에 차이가 있다고도 생각할 수 있습니다. 즉, **That's not, It's not**이라는 표현이 **That isn't** ~, **It isn't** ~보다 부정의 의미를 다소 강하게 하는 느낌이 있습니다.
두 종류의 단축형을 사용하면 질문에 대한 부정대답은

No, it isn't a pencil.
No, it's not. It's not a pencil.

이라는 두 가지가 가능하고, 이것을 조합시키면 다른 두 가지의 어법이 가능하지만 일반적으로 **isn't** 형을 사용하는 것이 무난합니다.

Point 3 my와 your

my는 '나의', **your**는 '당신의' 라는 의미입니다. 우리말의 '나의 펜' 에 해당하는 표현이 영어에서는 **my pen**, '당신의 펜' 은 **your pen**입니다.

우리말과 같이 '나의', '당신의' 가 '펜' 앞에 오므로 어순은 우리말과 같습니다. 주의해야 할 점은 영어에서는 '저의', '나의' 와 같은 존경어, 겸양어의 구별이 없기 때문에 '저의, 나의' 는 **my** 뿐이고, **your**의 경우도 마찬가지입니다.

또 다른 하나는 영어에서는 우리말보다 더 폭넓게 **my**, **your**와 그것에 상당하는 표현을 사용하는 경향이 있습니다. 우리말에서는 주로 누구의 것인가가 문제가 될 경우에만 '나의', '당신의' 라는 말을 사용하지만 영어에서는 그렇지 않습니다.

My mother likes flowers.
나의 엄마는 꽃을 좋아한다.

My house has four rooms.
우리 집에는 방이 4개 있다.

These are my friends.
이들은 내 친구들이다.

That is your book.
저것은 너의 책이야.

선택의문문

선택의문문은 제한된 선택을 주며 둘 또는 그 이상 중에서 물어보는 것을 말합니다. '이것은 **A**입니까, 아니면 **B**입니까?' **Is this A or B?** 형태의 의문문으로 이 어법은 아주 많이 사용됩니다. 이때 **A or B**라고 묻는다면 **A**와 **B**는 대조적이거나 비교의 대상이 되어야 합니다.

인토네이션은 **Is this A**에서는 올라가고 **or B**에서 내리는 어조가 됩니다. 만일 마지막의 **or B**를 올리는 어조로 말하면 '**A**입니까, **B**입니까, 아니면 또 다른 무엇인가가 있습니까?' 라는 더욱 발전된 질문이 됩니다.

학원을 이기는

독학 영어 첫걸음

Part

What을 이용한 의문문

Unit 01

학습일  

what을 이용한 의문문과 대답(1)

What is this?

이것은 무엇입니까?

STEP 1 여러 번 듣고 소리내어 반복해서 읽어보세요.

A **This is an apple.**
디스 이즈 언 애플

B **Is this an apple, too?**
이즈 디스 언 애플, 투

A **No, it isn't. It's a pear.**
노우, 잇 이즌트, 잇츠 어 페어

B **What is this?**
왓 이즈 디스

A **It's an orange.**
잇츠 언 오린쥐

A 이것은 사과입니다.

B 이것도 사과입니까?

A 아뇨, 아닙니다. 배입니다.

B 이것은 무엇입니까?

A 오렌지입니다.

an [ən] 하나의 **apple** [ǽpl] 사과 **pear** [pɛər] 배 **what** [*h*wɑt] 무엇 **orange** [ɔ́(:)rindʒ] 오렌지

STEP 2 이것만은 꼭 알아두세요.

This is an apple.

> **an**은 관사로 **a**와 같이 '한 개의' 라는 의미이지만 **apple** [ǽpl], **orange** [ɔ́(:)rindʒ]와 같은 모음으로 시작되는 말 앞에 사용합니다. 발음할 때에 '언 애플' 이라고 하지 말고 '어내플' 처럼 이어서 발음하는 것이 자연스럽습니다.

What is this?

> 인토네이션은 내리는 어조입니다. What is this?

> **what**과 같은 말을 의문사라고 하며 의문사는 항상 문장의 첫머리에 옵니다.

> 아래의 표는 평서문을 **what**을 사용해서 의문문을 만드는 경우입니다.

		This	is	a book	
	Is	this		a book	?
				what	
What	is	this			?

It's an orange.

> 의문사가 있는 의문문에 대한 대답은 **yes**, **no**로 하지 않습니다.

STEP 3 실전 말하기 훈련

그림을 보고 보기와 같이 ( ) 속에 있는 지시를 보면서 말해 봅시다.

| 보기 |

This is an apple.

(an apple?) Is this an apple?
(Yes) Yes, it is. It's an apple.
(What?) What is this?
(an apple) It's an apple.

1. bag 

2. watch 

Unit 02

학습일  

what을 이용한 의문문과 대답(2)

What's that?

저것은 무엇입니까?

STEP 1 여러 번 듣고 소리내어 반복해서 읽어보세요.

A **What's that?**
왓츠 댓

B **It's a camera.**
잇츠 어 캐머러

A **What's this?**
왓츠 디스

B **It's a tape recorder.**
잇츠 어 테이프 리코더

A **Is that a tape recorder, too?**
이즈 댓 어 테이프 리코더, 투

B **No, it isn't. It isn't a tape recorder.**
노우, 잇 이즌트. 잇 이즌트 어 테이프 리코더

A **What is it, then?**
왓 이즈 잇, 댄

B **It's a radio.**
잇츠 어 레이디오

A 저것은 무엇입니까?
B 카메라입니다.
A 이것은 무엇입니까?
B 녹음기입니다.
A 저것도 녹음기입니까?
B 아뇨, 아닙니다. 녹음기가 아닙니다.
A 그럼 무엇입니까?
B 라디오입니다.

camera [kǽmərə] 카메라 **tape recorder** [teip rikɔ́:rdər] 녹음기 **then** [ðen] 그러면
radio [réidiò] 라디오

STEP 2 이것만은 꼭 알아두세요.

What's that?

> what's는 what is의 단축형으로 말하는 사람에게서 멀리 떨어져 있는 것에 관해 묻는 것입니다. what's [(*h*)wats]의 [ts]와 that [ðæt]의 [ð]가 붙어 있으므로 발음에 주의합시다.

What is it, then?

> it은 사물을 가리키는 것이 아니라 화제에 올랐던 것을 받는 말입니다. 또한 is에 강한 강세가 있는 점에 주의합시다.

What으로 시작하는 문장의 인토네이션

> 보통은 말끝을 내리는 어조로 말하지만 친밀함을 담은 말에서는 올려서 말하는 경우도 있습니다. 특히 What's that?을 올려서 말하면 '뭐라고요? 다시 한번 말해 주세요.'라는 의미가 됩니다.

STEP 3 실전 말하기 훈련

그림을 보고 보기와 같이 말해 봅시다.

| 보기 |

That is a radio.

(a camera?)	Is that a camera?
(No)	No, it isn't. It isn't a camera.
(What?)	What is it?
(a radio)	It's a radio.

1. apple

2. magazine

Point 1 의문사 what의 의문문

what이 의문대명사로 쓰일 때는 '어떤 것, 무엇' 을 뜻하며 주로 물건이나 사건을 의미합니다. 또한 의문형용사로 '무엇' 이라는 뜻이 됩니다. what은 항상 문장의 첫머리에 오며, 우리말 '이것은 무엇입니까?' 에서의 '무엇' 은 문장 중간에 있으므로 이 점에서 우리말과 영어는 크게 다릅니다.

what을 사용하는 의문문에 익숙해지기 위해서는 평서문을 what의문문으로 바꾸는 연습을 할 필요가 있습니다.

예를 들면,

This is a pear. 이것은 배입니다.

라는 문장을 먼저 보통의문문

Is this a pear? 이것은 배입니까?

로 바꾸어 봅니다. 다음에 **a pear**를 **what**으로 바꾸고 문장 앞으로 가져와

What is this? 이것은 무엇입니까?

라는 문장을 만듭니다. **this** 대신에 **that**을 사용할 때도 같습니다. 또한 **what is**는 **what's**라는 단축형으로 자주 쓰입니다.

이것이 **what**의문문을 만드는 방법입니다. **what**의문문을 만들 수 있도록 다양한 문장에서 연습해 봅시다.

Point 2 what을 이용한 의문문에 대한 대답

알아둘 점은 대답에는 **yes, no**를 사용하지 않는다는 것입니다. 우리말에도 '이것은 무엇입니까?' 라고 물으면 '예, 그렇습니다.' 라고는 대답하지 않으므로 대답에 **yes, no**를 사용하지 않는다는 것을 알 수 있습니다.

What's that?
What's this?

라고 물을 때에는 보통 **it**을 써서

It's a pear. 배입니다.

라고 대답합니다. 이 경우 **it**은 사물을 가리키는 것이 아니고 '당신이 묻고 있는 그 물건은' 이라고 이미 언급한 것을 받는 말로, 경우에 따라서는

That's a pear. 또는 **This is a pear.**

처럼 **that**, **this**를 사용해도 관계없습니다. 이때는 그 물건을 손으로 가리키든지 시선을 그쪽으로 돌리면서 말하는 것이 보통입니다. 다소 격의 없는 어법으로

What's that? 저것은 무엇입니까?

↓

A pear. 배입니다.

와 같이 중심이 되는 말만으로 대답할 수도 있습니다. 어떻게 대답할 지는 말하는 사람의 기분과 그때의 상황 등에서 결정되므로 특별한 규칙은 없습니다. 말이라는 것은 항상 같은 어법만이 있는 것이 아니고 전후 관계에 따라 여러 가지 어법이 가능하다는 것을 알아 둡시다.

Point 3 관사 a와 an

우리말에 관사라는 것은 없기 때문에 한국인에게 관사는 다소 어려울 수 있습니다. 영어를 잘하는 사람도 관사를 잘못 쓰는 경우가 종종 있습니다.

영어에서는 셀 수 있는 것이 한 개일 경우에는 **a book**(책), **a ball**(공), **a bag**(가방), **an apple**(사과)과 같이 반드시 **a** 또는 **an**이라는 관사를 붙여야 합니다. **a**는 첫음이 자음([p, b, t, d] 등의 음)인 단어에 붙고, **an**은 첫음이 모음([a, e, i, o, u] 등의 음)인 단어 앞에 붙습니다. 이 구별은 철자에서가 아니라 발음에서 따릅니다. 예를 들면 **hour**(시간) 같이 [áuə*r*]라고 발음되는 단어는 **an hour**처럼 **an**을 붙이는 것입니다. 그러나 대부분 철자와 발음은 일치하므로 그렇게 걱정할 필요는 없습니다.

a, an은 원래 **one** [wʌn] 즉, '하나의' 에서 온 것입니다. 따라서 의미는 '한 개의', '하나의' 등을 나타내지만 가벼운 의미도 사용되므로 우리말로 굳이 번역하지 않아도 됩니다. '책 한 권' 이라고 수를 확실히 나타낼 필요가 있는 강한 의미일 경우에는 보통 **one book**과 같이 **one**이 사용됩니다.

an apple처럼 **an**이 붙는 경우는 발음에 주의할 필요가 있습니다. '언 애플' 이라고 발음하지 말고 '어내플' 이라고 하는 느낌으로 이어서 말하도록 합니다. 영어의 'n' 은 항상 혀끝이 잇몸에 닿아야 하기 때문에 혀끝을 잇몸에 확실히 붙이고 발음하면 자연스럽게 '어내플' 이라고 발음이 됩니다.

a **pen**	a **book**	a **girl**	a **cup**
an **airport**	an **angel**	an **hour**	an **elephant**

Part

형용사

Unit 01

학습일  

명사를 수식하는 형용사

It's a small radio.

그것은 작은 라디오입니다.

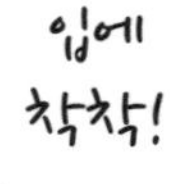

STEP 1 여러 번 듣고 소리내어 반복해서 읽어보세요.

A **This is my radio.**
디스 이즈 마이 레이디오

B **It's a small radio.**
잇츠 어 스몰 레이디오

A **What's that?**
왓츠 댓

B **This is a tape recorder.**
디스 이즈 어 테이프 리코더

A **It's a large tape recorder.**
잇츠 어 라쥐 테이프 리코더

Is it a new tape recorder?
이즈 잇 어 뉴 테이프 리코더

B **No. It's an old tape recorder.**
노우. 잇츠 언 오울드 테이프 리코더

A 이것은 내 라디오입니다.
B 작은 라디오군요.
A 그것은 무엇입니까?
B 이것은 녹음기입니다.
A 큰 녹음기이군요.
A 새 녹음기입니까?
B 아닙니다. 오래된 녹음기입니다.

small [smɔ:l] 작은 **large** [lɑ:rdʒ] 큰 **new** [n(j)u:] 새로운 **old** [ould] 오래된

STEP 2 이것만은 꼭 알아두세요.

It's a small radio.

> radio와 같은 사물의 이름을 명사라고 합니다. small과 같이 명사를 수식하는 말을 형용사라고 하며 〈관사 + 형용사 + 명사〉의 어순이라는 점을 잘 알아둡시다.

It's an old tape recorder.

> 〈관사 + 형용사 + 명사〉라는 어순에 주의합시다.
old는 모음으로 시작되는 말이므로 관사는 an이 됩니다.

발음

> a smáll rádio 〈형용사 + 명사〉인 경우는 양쪽을 같은 강세로 발음합니다.

> a tápe recòder 〈명사 + 명사〉인 경우는 보통 앞의 명사를 강하게 발음합니다.

> a lárge tápe recòder 〈형용사 + 명사 + 명사〉인 경우에서는 형용사와 최초의 명사를 같은 강세로 발음하고 두 번째 명사는 제 2 강세로 발음합니다.
tape, radio의 [ei], old, radio의 [ou] 발음에 주의합시다.

STEP 3 실전 말하기 훈련

그림을 보고 밑줄 친 곳에 단어를 넣고 말해 봅시다. (그림에서는 왼쪽 아래에 있는 것이 가까운 것, 오른쪽 위에 있는 것이 멀리 있는 것을 나타냅니다.)

| 보기 |

A. **This is a** ____________.
(new) This is a new ____________.

B. **That is a** ____________.
(old) That is an old ____________.

1. camera

2. bag

3. desk

Unit 02

학습일 

형용사와 선택의문문 (A or B)

Is it an old dog or a young dog?

그것은 나이든 개입니까, 아니면 어린 개입니까?

STEP 1 여러 번 듣고 소리내어 반복해서 읽어보세요.

A **What's that?**
왓츠 댓

B **This is a dog. It's my dog.**
디스 이즈 어 독. 잇츠 마이 독

A **Is it an old dog or a young dog?**
이즈 잇 언 오울드 독 오어러 영 독

B **It's a young dog. Is that your cat?**
잇츠 어 영 독. 이즈 댓 유얼 캣

A **Yes, it's my cat.**
예스, 잇츠 마이 캣

B **Is it an old cat or a young cat?**
이즈 잇 언 오울드 캣 오어러 영 캣

A **It's a kitten.**
잇츠 어 키튼

B **It's a cute kitten.**
잇츠 어 큐트 키튼

A 그것은 무엇입니까?
B 이것은 개입니다. 제 개입니다.
A 나이든 개입니까, 어린 개입니까?
B 어린 개입니다. 그것은 당신 고양이입니까?
A 예, 제 고양이입니다.
B 나이든 고양이입니까, 어린 고양이입니까?
A 새끼 고양입니다.
B 귀여운 새끼 고양이군요.

dog [dɔ(:)g] 개 **old** [ould] 늙은, 나이 먹은 **young** [jʌŋ] 어린 **cat** [kæt] 고양이 **kitten** [kitn] 새끼 고양이 **cute** [kjuːt] 귀여운 / **monkey** [mʌ́ŋki] 원숭이 **rabbit** [rǽbit] 토끼

STEP 2 이것만은 꼭 알아두세요.

It's my dog.

> my를 강하게 발음합니다.

Is it an old dog or a young dog?

> 문장이 길어져도 Is it A or B?라는 구조에는 변화가 없다는 점에 주의합시다. 형용사인 old와 young이 뒤에 나온 명사(dog)를 꾸며주고 있습니다. old와 young은 서로 대조되어 있으며, old 보다 특히 young에 강한 강세가 있다는 점에 주의합시다.

요일

> Sunday (일요일) Monday (월요일) Tuesday (화요일)
> Wednesday (수요일) Thursday (목요일) Friday (금요일)
> Saturday (토요일)

STEP 3 실전 말하기 훈련

그림을 보고 보기와 같이 말해 봅시다.

| 보기 |

It's my dog.

(your dog?)	Is it your dog?
(Yes)	Yes, it is. It's my dog.
(an old dog or a young dog?)	Is it an old dog or a young dog?
(a young dog)	It's a young dog.

1. monkey

2. rabbit

Unit 03

학습일 

형용사가 단독으로 쓰일 때

My bicycle is new.

내 자전거는 새 것입니다.

STEP 1 여러 번 듣고 소리내어 반복해서 읽어보세요.

A **Hello, Bill.**
헬로우, 빌

B **Hi, Sun-hee. Is that your bicycle?**
하이, 선희. 이즈 댓 유얼 바이시클

A **Yes, it is. My bicycle is new. What's that?**
예스, 잇 이즈. 마이 바이시클 이즈 뉴. 왓츠 댓

B **This is a camera.**
디스 이즈 어 캐머러

A **Is it new?**
이즈 잇 뉴

B **No, it isn't. It's old.**
노우, 잇 이즌트. 잇츠 오울드

A 안녕, 빌.
B 안녕, 선희. 그건 당신의 자전거인가요?
A 네. 제 자전거는 새 거예요. 그건 무엇인가요?
B 이건 카메라예요.
A 새 것인가요?
B 아뇨, 오래된 거예요.

hello [helóu] 안녕, 안녕하세요. **Bill** [bil] 빌〈남자 이름〉 **hi** [hai] 안녕, 안녕하세요〈친한 사이에 쓴다〉
bicycle [báisikəl] 자전거 **new** [n(j)uː] 새로운 **old** [ould] 오래된

STEP 2 이것만은 꼭 알아두세요.

My bicycle is new.

> 비교

This	is	a new bicycle	.	(이것은 새 자전거입니다.)
My bicycle	is	new	.	(내 자전거는 새 것입니다.)

new, **old**와 같은 형용사는 (1) 명사 앞에 오는 경우, (2) 단독으로 쓰이는 경우가 있습니다.

STEP 3 실전 말하기 훈련

그림을 보고 보기와 같이 말해 봅시다.

| 보기 |

My bicycle is new.

(new?) Is your bicycle new?
(Yes) Yes, it is. It's new.
(old?) Is your bicycle old?
(No) No, it isn't. It isn't old.

1. watch 

2. bag 

3. tape recorder 

Unit 04

학습일

형용사를 수식하는 부사 very

It's very big.

그것은 매우 큽니다.

STEP 1 여러 번 듣고 소리내어 반복해서 읽어보세요.

A **This is a ship.**
디스 이즈 어 쉽

B **It's very big.**
잇츠 베리 빅

A **Yes. It's a Korean tanker.**
예스. 잇츠 어 코리언 탱커

B **That's a little ship.**
댓츠 어 리를 쉽

A **It's a motorboat. It's very small.**
잇츠 어 모우터보우트. 잇츠 베리 스몰

B **Is it fast?**
이즈 잇 패슷

A **Yes, it's very fast.**
예스, 잇츠 베리 패슷

A 이것은 배입니다.
B 매우 크군요.
A 네, 한국 유조선입니다.
B 저건 작은 배군요.
A 모터보트입니다. 매우 작습니다.
B 빠른가요?
A 네, 아주 빨라요.

ship [ʃip] 배 **very** [véri] 매우 **big** [big] 큰 **Korean** [kəríːən, kouríːən] 한국의 **tanker** [tǽŋkəːr] 유조선 **little** [lítl] 작은 **motorboat** [móutəːrbòut] 모터보트 **fast** [fæst, fɑːst] 빠른

STEP 2 이것만은 꼭 알아두세요.

It's very big.

It's		big.	(이것은 큽니다.)
It's	very	big.	(이것은 매우 큽니다.)

> **very**(매우, 아주) 등의 부사는 형용사 앞에서 그 말을 꾸며줍니다.

big / little, large / small

> **big / large**는 '큰', **little / small**은 '작은' 이라는 의미이지만 **big / little**은 객관적인 크기만이 아니라 주관적인 느낌도 나타냅니다. **big**은 묵직한 느낌이 있는 크기 또는 크다는 것을 나타내고, **little**은 '작고 귀여운' 이라는 의미가 있습니다. 이에 비해 **large / small**은 객관적인 외형적 크기를 말하는 것으로 어느 쪽을 사용해도 좋을 경우 구어에서는 **big / little**을 많이 사용합니다.

STEP 3 실전 말하기 훈련

그림을 보고 보기와 같이 말해 봅시다.

| 보기 |

That's a ship. It's big.

(very) It's very big.
(very big?) Is it very big?
(Yes) Yes, it is. It's very big.

1. car (small)

2. kitten (cute)

3. clock (old)

Point 1

명사를 수식하는 형용사

형용사는 사람이나 사물의 성질, 상태, 수량 등을 나타내는 품사로 명사나 대명사를 수식합니다. 다른 말에 의미를 더하여 꾸며주는 것을 문법에서는 '수식한다'고 하며 **a new book**(새 책), **an old clock**(오래된 벽시계)의 **new**, **old**는 각각 **book**, **clock**을 수식하므로 형용사입니다. '새 책'이라고 하면 오래된 책은 포함되지 않으므로 형용사는 명사의 의미를 '한정'시키는 말이라고 할 수 있습니다.

그런데 이 **Part**에서 나온 형용사는 **new**(새로운), **old**(오래된, 나이 먹은), **young**(어린, 젊은), **large**(큰), **small**(작은), **big**(큰), **little**(작은, 귀여운), **cute**(귀여운), **fast**(빠른)의 **9**개입니다. 그러면 **a**, **an**이라는 관사는 형용사일까요? '한 개의 ~'라는 의미로 명사를 수식하기 때문에 '관사'도 형용사의 일종입니다. 단 특별한 역할을 하고 있으므로 특히 '관사'라고 이름을 붙여 구별하는 것입니다. 그러면 **my**(나의), **your**(당신의)라는 말은 형용사일까요? 역할은 확실히 형용사적이지만 '나' 또는 '당신'이라는 사람의 이름 대신에 사용하는 말은 '인칭대명사'라고 하고 형용사라고는 부르지 않습니다. 인칭대명사에 관해서는 앞으로 배우게 됩니다.

Point 2

형용사의 위치

〈관사 + 형용사 + 명사〉

book과 같은 셀 수 있는 명사가 한 권 또는 한 개 있는 경우 항상 **a** 또는 **an**(모음 앞에)이라는 관사를 붙여야 합니다. 명사에 형용사가 붙으면 **a small radio**라는 어순이 되고 관사는 항상 앞에 옵니다. 그러므로 **old**와 같은 모음으로 시작되는 형용사인 경우에는 **an old book**(오래된 책)에서처럼 **an**이 됩니다. 또한 형용사에 **very**가 붙으면 **a very small radio**(아주 작은 라디오)라는 어순이 되고 관사는 **very** 앞에 옵니다. 이처럼 관사는 명사에 수식어가 붙는 경우 언제나 제일 앞에 놓입니다.

Point 3 형용사의 용법

1 한정적 용법 〈형용사 + 명사〉

형용사가 명사나 대명사의 바로 앞이나 뒤에서 직접 꾸며줄 때 이를 한정적 용법이라고 합니다.

It's a wonderful day.
좋은 날입니다. 〈단어〉

2 서술적 용법

be동사와 함께 사용하며, 형용사가 문장에서 보어로 쓰여서 문장을 서술하는 역할을 합니다.

My bicycle is new.(내 자전거는 새 것이다.)라는 문장의 new와 같이 형용사 뒤에 명사가 오지 않는 경우가 있습니다. 형용사란 명사를 수식하는 말이므로 이것이 틀린 문장이라고 생각하기 쉬운데 이 경우에는 직접 수식하지는 않지만 간접적으로는 수식하고 있는 것입니다. 왜냐하면 '내 자전거는 새 것이다.' 라는 것은 '나의 새 자전거' 라는 것과 내용면에서는 거의 같기 때문입니다.

이처럼 문장 속에서 '…은 ~입니다' 의 '…은' 에 해당하는 부분을 주어, '~입니다' 에 해당하는 부분을 술어라고 하는데 술어에 단독으로 쓰이는 형용사는 my bicycle = new라는 형태로 주어를 설명하고 있는 것입니다. 이와 같은 용법을 '형용사의 서술적 용법' 이라고 부릅니다.

The cartoon is interesting.
그 만화는 재미있다.

I found the book easy.
나는 그 책이 쉽다는 것을 알았다.

Point 4 very

very는 '매우, 아주' 라는 의미로 자주 사용되는 말로 형용사에 붙어 '매우 …인' 이라는 의미의 말을 만듭니다. 예를 들면 '매우 귀여운 개' 는 **a very cute dog**, '아주 작은 라디오' 는 **a very small radio**라고 합니다. 관사가 **very** 앞에 온다는 점에 주의하고 **very**와 같이 형용사를 수식하는 말을 부사라고 합니다.

Point 5 질문에 대한 대답

질문에 대한 대답에는 여러 가지가 있습니다. 이 **Part**에서는 문형연습에서 연습한 것과는 다른 대답이 본문에 나오고 잇습니다. 예를 들면 **Unit 1**에서 **Is it a new tape recorder?**(그것은 새 녹음기입니까?)라고 묻는 데 대해 **No.**만으로 대답하고 있습니다. 이것을 완전한 응답인 **No, it isn't. It isn't a new tape recorder.**를 **No.**로 끊고 뒤는 생략하여 바로 다음의 말을 연결한 것입니다.

또한 같은 **Unit 1~3**에도 **What's that?**(그것은 무엇입니까?)이라는 물음에 **This is** ~(이것은 ~입니다)라고 대답하고 있습니다. 이것은 **It's** ~라고 대답해도 상관없지만 그때의 상황에서 눈앞에 있다는 것을 나타내는 느낌으로 대답하기 위해 **This is** ~라고 대답한 것입니다.

또한 **Unit 4**에서는 **It's very big.**(정말 크군요.)에 대해 **Yes.**라고 대답했는데 이것은 질문에 대한 대답은 아니고 상대방이 말한 것에 '그렇군요.' 라고 맞장구치는 것입니다.

이와 같이 실제 회화에서의 대답은 여러 가지가 있습니다. 영어 또한 언어이기에 인간들의 다양한 감정을 담아서 말하는 데 사용되는 것이므로 기계적인 대답만 있는 것이 아닙니다. 단 그와 같이 자유롭게 말하기 위해서는 응용의 근본이 되는 어법을 반드시 알아두어야 합니다. 그것이 문형연습에서 배우는 완전 응답입니다.

Part

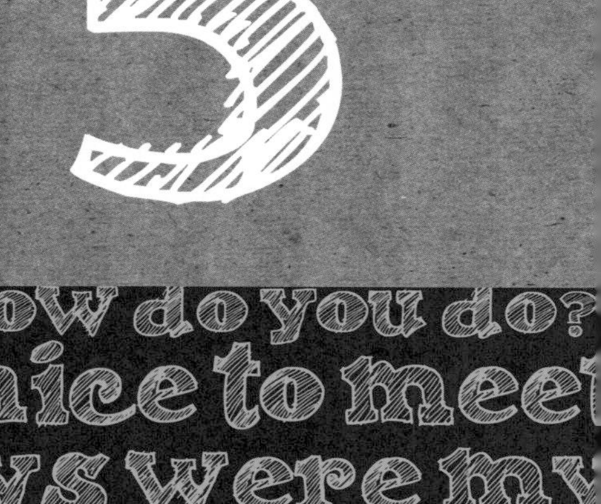

인칭대명사

Unit 01

학습일  

사람을 화제로 하는 표현

She is a schoolgirl.

그녀는 여학생입니다.

STEP 1 여러 번 듣고 소리내어 반복해서 읽어보세요.

A **This is Jane. She is a schoolgirl.**
디스 이즈 제인. 쉬 이즈 어 스쿨걸

B **This is Chan-ho.**
디스 이즈 찬호

He is a senior high school student.
히 이즈 어 시니어 하이 스쿨 스튜던트

A **Jane is an American girl.**
제인 이즈 언 어메리컨 걸

Is Chan-ho an American boy?
이즈 찬호 언 어메리컨 보이

B **No, he isn't. He's a Korean boy.**
노우, 히 이즌트. 히즈 어 코리언 보이

A 이쪽은 제인입니다. 그녀는 여학생입니다.
B 이쪽은 찬호입니다.
그는 고등학생입니다.
A 제인은 미국 소녀입니다.
찬호는 미국 소년입니까?
B 아닙니다. 한국 소년입니다.

Jane [dʒein] 제인〈여자 이름〉 **she** [ʃiː] 그녀(는) **schoolgirl** [skúːlgəːrl] (초등학교 · 중학교) 여학생 **he** [hi(ː)] 그(는) **high school** [hai skuːl] (중)고등학교 **student** [stjúːdənt] 학생 **American** [əmérikən] 미국의 **girl** [gəːrl] 소녀 **boy** [boi] 소년 **he's** [hiːz] he is의 단축형 **Pat** [pæt] 팻〈여자 이름〉

STEP 2 이것만은 꼭 알아두세요.

This is Jane.

> 이와 같이 this를 사람에게도 쓸 수 있다는 것을 알아둡시다.

She is a schoolgirl.

> she는 한 번 화제에 올랐던 여자 이름 대신에 이용되는 대명사로 '그녀' 라는 의미입니다.

He is a senior high school student.

> he는 한번 화제에 올랐던 남자 이름 대신에 이용되는 대명사로 '그' 라는 의미입니다.

high school

> 미국에서는 주에 따라 교육제도가 달라서 **6-3-3**제, **6-6**제, **8-4**제 등 여러 가지가 있고, **high school**은 중학교(**junior high school**), 고등학교(**senior high school**)로 나뉩니다.

STEP 3 실전 말하기 훈련

그림을 보고 보기와 같이 말해 봅시다.

| 보기 |

Jane is an American girl.

(an American girl?)	Is Jane an American girl?
(Yes)	Yes, she is. She's an American girl.
(a Korean girl?)	Is Jane a Korean girl?
(No)	No, she isn't. She isn't a Korean girl.

1. Sun-hee 

2. Bill 

3. Pat 

Unit 02

학습일

1 · 2인칭의 인칭대명사

I'm an American student.

저는 미국 학생입니다.

STEP 1 여러 번 듣고 소리내어 반복해서 읽어보세요.

A **Hello. I'm an American student.**
헬로우. 아임 언 어메리컨 스튜던트

Are you a Korean student?
알 유 어 코리언 스튜던트

B **Yes, I am. I'm a high school student.**
예스, 아이 엠. 아임 어 하이 스쿨 스튜던트

Are you a college student?
알 유 어 칼리쥐 스튜던트

A **No, I'm not. I'm not a college student.**
노우, 아임 낫. 아임 낫 어 칼리쥐 스튜던트

I'm a high school student, too.
아임 어 하이 스쿨 스튜던트, 투

B **You are pretty.**
유 알 프리티

A **Thank you. You are very kind.**
땡큐. 유 알 베리 카인드

A 안녕하세요. 저는 미국 학생입니다.
당신은 한국 학생입니까?

B 그렇습니다. 저는 고등학생입니다.
당신은 대학생입니까?

A 아닙니다. 대학생이 아닙니다.
저도 고등학생입니다.

B 당신은 예쁘군요.

A 감사합니다. 당신은 매우 친절하군요.

I'm [aim] I am의 단축형 **I** [ai] 나(는) **am** [æm] 나(는) ~이다 **are** [ɑːr] (당신은) ~이다 **college** [kálidʒ] 대학(의) **pretty** [príti] (여자가) 예쁜, 잘생긴 **Thank you** 감사합니다 **kind** [kaind] 친절한

STEP 2 이것만은 꼭 알아두세요.

I'm an American student.

> I'm은 I am의 단축형으로 am은 '(나는) ~입니다' 라는 의미로 서술을 나타냅니다.

Are you a Korean student?

> 평서문은 You are a Korean student. are는 '(당신은) ~입니다' 라는 의미로 Are you ~?에 대한 대답은 Yes, I am. 또는 No, I'm not.이 됩니다.

I'm not a college student.

> 부정문에서 not의 위치에 주의하세요.

STEP 3 실전 말하기 훈련

주어진 조건에 맞게 〈문형연습〉을 해봅시다.

I'm an American girl.

1. Are you?
2. Yes
3. a college student
4. No

*〈문형연습〉은 문장의 일부를 대치하거나 형태를 바꾸는 유형의 연습문제입니다. 원문을 반복하여 암기하고 나서 ( ) 속의 조건에 따라 문장을 바꾸고, 원문의 I와 you는 의문문에서는 각각 you와 I로 바꾸어 넣습니다.

Unit 03

학습일  

긍정대답과 부정대답

Am I pretty?

나 예뻐요?

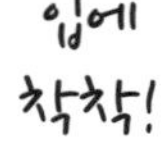

STEP 1 여러 번 듣고 소리내어 반복해서 읽어보세요.

A **Am I pretty?**
엠 아이 프리티

B **Yes, you are. You are very pretty.**
예스, 유 알. 유 알 베리 프리티

A **Am I a bad girl?**
엠 아이 어 배드 걸

B **No, you aren't. You aren't a bad girl.**
노우, 유 안트. 유 안트 어 배드 걸

A **Are you sure?**
알 유 슈어

B **Yes, I'm sure. You are a very good girl.**
예스, 아임 슈어. 유 알 어 베리 굿 걸

A 나 예뻐요?

B 그래요. 아주 예뻐요.

A 내가 나쁜 여자인가요?

B 아니요. 당신은 나쁜 여자가 아니에요.

A 정말인가요?

B 정말이에요. 당신은 아주 좋은 여자예요.

bad [bæd] 나쁜 **aren't** [ɑːrnt] are not의 단축형 **sure** [ʃuər] 확실한, 확신이 있는 **good** [gud] 좋은

STEP 2 이것만은 꼭 알아두세요.

Am I pretty?

평서문		의문문
He[She] is ….	→	Is he[she] …?
I am ….	→	Am I …?
You are ….	→	Are you …?

> 의문문은 위와 같이 어순을 바꾸어 만들고 말끝을 올립니다.

Yes, you are. / No, you aren't.

> **Am I ~?**에 대한 대답으로 **aren't**는 **are not**의 단축형입니다.

Are you sure?

> 상대방이 한 말을 다시 확인하는 말입니다.

발음

> **a bád gírl**과 같이 〈형용사 **+** 명사〉인 경우에는 보통 양쪽 모두에 강세가 있습니다.

(예) a cúte kítten a prétty gírl

STEP 3 실전 말하기 훈련

주어진 조건에 맞게 〈문형연습〉을 해봅시다.

You are pretty.

1. Am I?
2. Yes
3. very?
4. Yes
5. a bad girl?
6. No

학습일  

사람을 소개하거나 소개받았을 때의 인사

This is Bob.

이쪽은 밥입니다.

STEP 1 여러 번 듣고 소리내어 반복해서 읽어보세요.

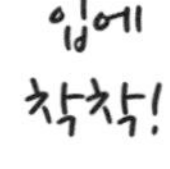

A **Sun-hee, this is Bob. He is my friend.**
선희, 디스 이즈 밥. 히 이즈 마이 프랜드

Bob, this is Sun-hee. She's my neighbor.
밥, 디스 이즈 선희. 쉬즈 마이 네이버

Sun-hee **How do you do?**
하우 두 유 두

Bob **How do you do?**
하우 두 유 두

Sun-hee **Are you a student?**
알 유 어 스튜던트

Bob **Yes, I am. I'm a senior high school student.**
예스, 아이 엠. 아임 어 시니어 하이 스쿨 스튜던트

A 선희, 이쪽은 밥이에요. 그는 내 친구입니다.
밥, 이쪽은 선희예요. 그녀는 내 이웃이에요.

Sun-hee 처음 뵙겠습니다.

Bob 처음 뵙겠습니다.

Sun-hee 당신은 학생입니까?

Bob 그렇습니다. 고등학생입니다.

Bob [bɑb] 밥〈남자 이름〉 **friend** [frend] 친구 **She's** [ʃi:z] She is의 단축형 **neighbor** [néibər] 이웃
How do you do? 처음 뵙겠습니다〈처음 만났을 때의 인사〉

STEP 2 이것만은 꼭 알아두세요.

Sun-hee, this is Bob.

> 먼저 여성에게 남성을 소개하며 이때는 선희 쪽을 향해서 말합니다.

Bob, this is Sun-hee.

> 다음에 남성에게 여성을 소개하며 이때는 밥 쪽을 향해서 말합니다. 친근한 사이에서는 간단히 Sun-hee, Bob.이라고 할 수도 있습니다.

She's my neighbor.

> She's는 She is의 단축형입니다.

소개 에티켓

> 남성끼리 또는 여성끼리 소개할 때에는 연상인 사람에게 연하의 사람을 먼저 소개합니다.

> 남성과 여성을 소개할 경우에는 먼저 여성에게 남성을 소개합니다.

> 남녀를 소개할 때에는 여성은 앉아 있는 경우 일어서지 않아도 됩니다.

STEP 3 실전 말하기 훈련

다음의 사람들을 소개해 봅시다.
(앞에 있는 이름은 친구, 뒤에 있는 이름은 이웃이라 가정합니다.)

1. Bob, Chan-ho ***2.*** Jane, Mi-ra ***3.*** Sun-sil, Bill

학습일

he / she가 주어일 때의 의문문과 그 대답

Is he your teacher?

그는 당신의 선생님입니까?

STEP 1 여러 번 듣고 소리내어 반복해서 읽어보세요.

A **Is he your teacher?**
이즈 히 유얼 티춰

B **No, he isn't. He's my father.**
노우, 히 이즌트. 히즈 마이 파더

A **Is she your mother?**
이즈 쉬 유얼 마더

B **Yes, she is. She is my mother.**
예스, 쉬 이즈. 쉬 이즈 마이 마더

A **Is she your aunt?**
이즈 쉬 유얼 앤트

B **No, she's my big sister.**
노우, 쉬즈 마이 빅 시스터

A 그는 당신의 선생님입니까?
B 아닙니다. 나의 아버지입니다.
A 그녀는 당신의 어머니입니까?
B 그렇습니다. 내 어머니입니다.
A 그녀는 당신의 아주머니입니까?
B 아뇨, 내 누나입니다.

teacher [tíːtʃər] 선생님 **father** [fáːðər] 아버지 **mother** [mʌ́ðər] 어머니 **aunt** [ænt] 아주머니
sister [sístər] (여자) 형제 **big sister** [big sístər] 누나

STEP 2 이것만은 꼭 알아두세요.

Is he your teacher?

	He	is	your teacher.	〈평서문〉
Is	he		your teacher?	〈의문문〉

대답 **Yes, he is. / No, he isn't.**

> 대답으로는 (**a**) **Yes.** (**b**) **Yes, he is.** (**c**) **Yes, he is. He is my teacher.**의 **3**가지가 가능한데 (**a**)를 간결응답(**laconic answer**), (**b**)를 간략응답(**short answer**), (**c**)를 완전응답(**long answer**)이라고 합니다. 실제 회화에서는 상황에 따라 이것들을 적당히 구별해서 쓰는데 〈문형연습〉에서는 항상 완전응답으로 하는 것을 연습합니다.

No, she's my big sister.

> 먼저 완전응답으로 하면 **No, she isn't. She isn't my aunt.**가 되는데, 여기에 **She's my big sister.**를 첨가하고 가운데의 대답을 생략한 것입니다. 이렇게 하는 대답도 실제 회화에서는 많이 쓰이고 있습니다.

STEP 3 실전 말하기 훈련

주어진 조건에 맞게 〈문형연습〉을 해봅시다.

A. He's my father.

1. your father?
2. Yes
3. your teacher?
4. No

B. She's my mother.

1. your mother?
2. Yes
3. your sister?
4. No

Point 1 대명사

인칭대명사는 I(나(는)), you(당신(은))와 같이 주로 사람의 이름 대신 사용하는 말입니다. '주로' 라는 이유는 인칭대명사는 사람뿐만 아니라 사물이나 동물에도 사용되기 때문입니다.

이 Part에서 배운 인칭대명사는 I, you, he, she로 모두 사람에게 쓰였습니다. 이미 배운 it(그것)도 인칭대명사로 보통 사물을 나타내는데 개·고양이와 같은 큰 동물에는 보통 he, she를, 새와 같은 작은 동물에는 it을 씁니다.

일반적으로 명사 대신 사용하는 말을 대명사라고 합니다.

대명사에는 인칭대명사 외에 지금까지 배운 것으로는 this(이것), that(저것, 그것)이라는 사물을 가리키는 지시대명사가 있습니다. 인칭대명사 또는 지시대명사라는 구별이 특별히 필요로 하지 않을 때에는 간단히 대명사라 부르기로 하겠습니다.

She is my teacher.
그녀는 내 선생님이다. 〈인칭대명사〉

That is the important point.
그것이 중요한 요점이다. 〈지시대명사〉

Point 2 사람의 이름을 화제로 하는 문장

'이쪽은 ~입니다' 처럼 사람의 이름을 말하고 소개하는 경우에는

This is Jane. 이쪽은 제인입니다.

이라고 합니다. 우리말에는 '~씨' 라는 존칭을 붙이는데 영어에서는 이름만을 불러도 실례가 되는 것은 아닙니다. 특히 친구들 사이에서는 경칭을 붙이지 않는 것이 보통입니다.

이렇게 말하고 나서 '제인은 여학생입니다.' 라는 설명을 첨가하는 경우 우리말에서는 이름을 반복해서 사용해도 조금도 부자연스럽지 않지만 영어에서는 보통 인칭대명사를 사용해서

This is Jane. She is a schoolgirl.
이쪽은 제인입니다. 그녀는 여학생입니다.

이라고 해야 합니다. 영어에서는 한번 나온 명사는 혼동이 일어날 수 있는 경우를 제외하고는 가능하면 대명사로 바꿔 말하는 습관이 있습니다. 예를 들면

This is Jane. This is Betty.
이쪽은 제인입니다. 이쪽은 베티입니다.

라고 두 사람을 먼저 소개하고 나서 설명을 한다고 할 때 **she**를 사용하면 혼동이 일어날 수 있으므로

Jane is a senior high school student.
Betty is a college student.
제인은 고등학생입니다. 베티는 대학생입니다.

라고 이름을 다시 말하는 경우도 있습니다.

Point 3 고유명사의 첫글자는 대문자로 표기한다

사람 이름, 나라 이름 등은 특정한 고유한 것에 붙인 이름이므로 이것을 '고유명사' 라고 합니다. 영어에서는 고유명사의 첫 글자는 대문자로 씁니다. 또한 '미국의' **American**, '한국의' **Korean** 등은 고유형용사라 부르며 '고유형용사' 도 첫 글자는 대문자로 씁니다.

사람이름 : **Jane, Betty, Chul-su, Mi-ra**
장소이름 : **Korea, America, England, Chicago**
월 / 요일 : **January, July, Monday, Tuesday**

고유명사는 원래 셀 수 없는 명사입니다. 그러나 종종 셀 수 있는 명사로 전환되어 단수나 복수로 쓸 수 있습니다. 〈고유명사의 보통명사화〉

I am ~ ; You are ~ ; He [She] is ~

'나는 ~입니다'의 '입니다'에 해당하는 말은 **am**, '당신은 ~입니다'의 '입니다'는 **are**, '그[그녀]는 ~입니다'의 '입니다'는 **is**입니다. 즉,

I am ~.
You are ~.
He [She] is ~.

로 된다는 것을 잘 알아둡시다. 또한 **I**는 항상 대문자로 씁니다.

의문문은

Am I ~? 나는 ~입니까?
Are you ~? 당신은 ~입니까?
Is he [she] ~? 그는[그녀는] ~입니까?

와 같이 어순을 바꾸고 말끝을 올리는 인토네이션으로 말합니다.

대답은 **Am I ~?**에 대해 긍정이면 **Yes, you are. You are ~**, 부정이면 **No, you aren't. You aren't ~**가 되고, **Are you ~?**에 대해서는 긍정이면 **Yes, I am. I'm ~**, 부정이면 **No, I'm not. I'm not ~**이 되고, **Is he[she] ~?**에 대해서는 긍정이면 **Yes, he[she] is. He [She] is ~** 부정이면 **No, he[she] isn't ~, He[She] isn't ~**가 됩니다.

간략 응답은

Am I ~? **- Yes, you are. / No, you aren't.**
Are you ~? **- Yes, I am. / No, I'm not.**
Is he [she] ~? **- Yes, he [she] is. / No, he [she] isn't ~.**

가 됩니다.

am not의 단축형은 없고 **am**은 보통 **I**와 함께 **I'm**이라는 단축형을 만듭니다. 단 긍정인 대답에서 **Yes, I am.**이라고 할 때에는 **Yes, I'm**이라는 단축형을 사용할 수 없습니다. 또한 **are**는 **you**와 함께 쓰여 **you're**라는 단축형을 만들므로 부정대답은

No, you aren't.
No, you're not.

의 2가지가 가능합니다. 둘은 같은 의미이지만, **No, it isn't. / No, it's not.** 의 경우와 같이 **No, you're not.** 쪽이 다소 부정의 의미가 강합니다.

또한 긍정대답은 **Yes, you're.**라는 단축형을 사용한 어법으로는 할 수 없습니다.

긍정의 **Yes, he is.** 또는 **Yes, she is.**라는 대답에는 단축형을 사용할 수 없지만 부정대답인 경우에는 **No, he isn't. He isn't ~. / No, she isn't. She isn't ~**와 같이 단축하는 방법 외에 **No, he's not. He's not ~. / No, she's not. She's not ~.**과 같이 단축하는 방법도 있습니다. 양쪽 다 같은 의미이지만 **No, he's not ~**으로 대답하는 쪽이 부정의 의미가 다소 강합니다.
(Part 4 참조)

Point 5 1인칭 · 2인칭 · 3인칭

말을 하고 있는 사람 즉, 화자를 1인칭, 상대방을 2인칭, 그 외에 다른 사람·사물을 3인칭이라고 합니다. 1인칭이란 자기 자신을 가리키고 이것을 나타내는 말은 **I**입니다. 2인칭이란 상대방을 가리키므로 이것을 나타내는 말은 **you**입니다. **I**와 **you** 이외의 것은 3인칭이므로 3인칭을 나타내는 말은 **I**와 **you** 이외의 모든 명사·대명사입니다. **he, she, it, this, that**과 **book, radio, watch, Jane, Chul-su** 등도 모두 3인칭입니다. 그러면 자신의 이름이 만일 **Chul-su**라면 **Chul-su**는 1인칭일까요? 그렇지 않습니다. **Chul-su**라고 할 때는 3인칭이고 **I**라고 할 때는 1인칭이 되는 것입니다.

예를 들면 **Chul-su is my name.**(철수는 내 이름입니다.)이라는 문장에서 **Chul-su**는 말하는 사람의 이름이지만 **it**으로 바꾸어 쓸 수 있으므로 3인칭입니다. 또한 **my**는 **I**의 변화형이므로 1인칭이지만 **my name**은 **Chul-su**와 같이 **it**으로 바꾸어 쓸 수 있으므로 3인칭입니다.

Point 6 인칭대명사

이 Part에서 배운 인칭대명사를 표로 나타내 보면 다음과 같습니다.

1인칭	2인칭	3인칭
I (am)	you (are)	he, she, it (is)

Point 7 사람을 소개할 때

사람을 소개할 때의 표현과 소개받았을 때의 인사를 앞에서 배웠습니다. 기억해 두어야 할 표현은 다음과 같습니다.

Sun-hee, this is Bob. Bob, this is Sun-hee.

선희, 이쪽은 밥이에요. 밥, 이쪽은 선희예요.

먼저 상대방의 이름을 불러 소개할 하고 여성과 남성이라면 먼저 여성에게 남성을 소개합니다.

How do you do?

처음 뵙겠습니다.

이 인사는 소개 받고 나서 서로 주고받는 인사입니다.

Part

What과 Who를 이용한 의문문

Unit 01

학습일  

what을 이용하여 직업 묻기

What is he?

그는 직업이 무엇입니까?

STEP 1 여러 번 듣고 소리내어 반복해서 읽어보세요.

A **Is he a student?**
이즈 히 어 스튜던트

B **No, he isn't. He isn't a student.**
노우, 히 이즌트. 히 이즌트 어 스튜던트

A **Is he a teacher?**
이즈 히 어 티춰

B **No, he's not. He's not a teacher.**
노우, 히즈 낫. 히즈 낫 어 티춰

A **What is he, then?**
왓 이즈 히, 댄

B **He's a doctor.**
히즈 어 닥터

A 그는 학생입니까?
B 아닙니다. 그는 학생이 아닙니다.
A 그는 (학교) 선생님입니까?
B 아닙니다. 그는 선생님이 아닙니다.
A 그러면 그는 직업이 무엇입니까?
B 그는 의사입니다.

then [ðen] 그러면 **doctor** [dáktər] 의사

STEP 2 이것만은 꼭 알아두세요.

No, he's not.

> 부정대답은 **No, he isn't.**와 **No, he's not.**의 두 가지가 가능한데 어느 쪽으로 해도 의미는 같지만 후자 쪽이 다소 부정의 느낌이 강합니다.

What is he, then?

> **what**을 사람에게 이용하면 '무엇을 하는 사람입니까?' 라는 직업을 묻는 표현이 됩니다.

		He	is	a teacher	.
	Is	he		a teacher	?
What	is	he		what	?

> 대답은 **yes, no**를 붙이지 않고 **He is ~**로 합니다.

> 어법에 주의합시다! **What is he, then?**

11부터 20까지의 기수

> **eleven** (11) **twelve** (12) **thirteen** (13) **fourteen** (14)
fifteen (15) **sixteen** (16) **seventeen** (17) **eighteen** (18)
nineteen (19) **twenty** (20)

STEP 3 실전 말하기 훈련

주어진 조건에 맞게 〈문형연습〉을 해봅시다.

A. He's a doctor.

1. a doctor?
2. Yes
3. a teacher?
4. No
5. What?
6. a doctor

B. She's a teacher.

1. a teacher?
2. Yes
3. a student?
4. No
5. What?
6. a teacher

Unit 02

학습일 

자신 또는 상대방의 직업 묻기

What am I?

내 직업은 무엇일까요?

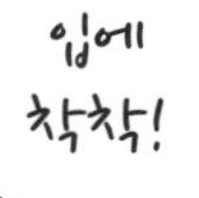

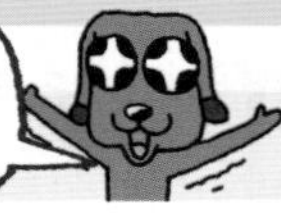

STEP 1 여러 번 듣고 소리내어 반복해서 읽어보세요.

A **I'm not a teacher.**
아임 낫 어 티춰

I'm not a student. What am I?
아임 낫 어 스튜던트. 왓 엠 아이

B **Are you a farmer?**
알 유 어 파머

A **No, I'm not.**
노우, 아임 낫

B **What are you?**
웟 알 유

A **I'm busy.**
아임 비지

B **Are you a businessman?**
알 유 어 비즈니스맨

A **That's right. I'm a businessman.**
댓츠 롸잇. 아임 어 비즈니스맨

A 나는 선생님이 아닙니다.
나는 학생이 아닙니다. 내 직업은 무엇일까요?

B 당신은 농부입니까?

A 아닙니다.

B 당신은 무슨 일을 합니까?

A 나는 바쁩니다.

B 당신은 사업가입니까?

A 맞습니다. 나는 사업가입니다.

farmer [fáːrmər] 농부 **busy** [bízi] 바쁜 **businessman** [bíznismæ̀n] 사업가 **right** [rait] 옳은

STEP 2 이것만은 꼭 알아두세요.

What am I?

> 이것은 상대방에게 자신의 직업을 알아맞히게 할 때 하는 말입니다. 대답은 yes, no를 붙이지 않고 You are ~로 합니다.

What are you?

> 상대방의 직업을 묻는 표현으로 대답에는 **yes**, **no**를 붙이지 않고 **I am** ~으로 합니다. 이와 같은 의문문을 만드는 방법은 다음과 같습니다.
인토네이션은 말끝을 내리는 어조로 합니다.

		You	are	a businessman	.
	Are	you		a businessman	?
				what	
What	are	you			?

That's right.

> '맞습니다' 라는 의미로 상대방이 말한 것에 대해 맞장구치는 표현입니다.

STEP 3 실전 말하기 훈련

주어진 조건에 맞게 〈문형연습〉을 해봅시다.

A. I'm a businessman.

1. Are you?
2. Yes
3. a farmer?
4. No
5. What?
6. a businessman

B. You are a farmer.

1. Am I?
2. Yes
3. a teacher?
4. No
5. What?
6. a farmer

Unit 03

학습일 

who를 이용한 의문문과 대답

Who is he?

그는 누구입니까?

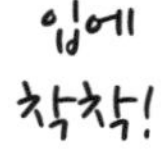

STEP 1 여러 번 듣고 소리내어 반복해서 읽어보세요.

A **This is a picture album.**
디스 이즈 어 픽춰 앨범

B **Is that your father?**
이즈 댓 유얼 파더

A **No.**
노우

B **Who is he?**
후 이즈 히

A **He is my uncle. This is Jane.**
히 이즈 마이 엉클. 디스 이즈 제인

B **Who's Jane?**
후즈 제인

A **She's my cousin.**
쉬즈 마이 커즌

A 이것은 앨범입니다.
B 그 분이 당신의 아버지입니까?
A 아닙니다.
B 누구입니까?
A 제 삼촌입니다. 이쪽은 제인이구요.
B 제인은 누구입니까?
A 제 사촌입니다.

picture [píktʃər] 사진, 그림 **album** [ǽlbəm] 앨범 **picture album** 사진첩 **who** [hu:] 누구
uncle [ʌ́ŋkəl] 삼촌, 아저씨 **cousin** [kʌ́zn] 사촌

STEP 2 이것만은 꼭 알아두세요.

Is that your father?

> 이때의 **that**은 '저(것)'가 아니고 상대방에게 가까이에 있는 사진 속의 인물을 가리켜서 '그(것)'라고 말하고 있는 것입니다. **that**은 이와 같이 사람을 가리키는 경우에도 사용할 수 있다는 것도 알아둡시다.

No.

> 간단한 대답(간결응답). 완전대답으로 하면 **No, it isn't. It isn't my father.**가 됩니다.

Who is he?

> 어순에 주의하고 의문사는 문장 첫머리에 온다는 것을 명심합시다.

		He	is	my uncle	.
	Is	he		your uncle	?
				who	
Who	is	he			?

Who's Jane?

> **who**는 이름뿐만 아니라 관계 · 신분을 묻는 데에도 쓰입니다.

STEP 3 실전 말하기 훈련

주어진 조건에 맞게 〈문형연습〉을 해봅시다.

He is my uncle.

1. your uncle?
2. Yes
3. your father?
4. No
5. Who?
6. my uncle

what을 이용한 의문문

What is he? / What are you? / What am I?

what을 이용해서 직업을 묻는 말은 위의 3가지가 있습니다. 물론 What is she?(그녀는 직업이 뭐죠?) 또는 What is Mr. Brown?(브라운 씨는 직업이 뭐죠?)이라고 활용할 수 있는데 이것들은 모두 What is he? 문형의 변형에 지나지 않습니다.

what의문문을 어떻게 만드는지 다시 설명해 보기로 합시다. 예로

He is a doctor. 그는 의사입니다.

라는 평서문을 보통의문문으로 만들면

Is he a doctor? 그는 의사입니까?

가 됩니다. 그러나 직업을 알 수 없을 때는 당연히 doctor를 what(무엇)이라는 의문사로 바꿔야 합니다.

그래서

Is he what?

이라고 하면 될 것 같지만 영어에서 의문사는 반드시 문장의 첫머리에 와야 하므로

What is he? 그는 무엇입니까? 즉, 직업이 무엇입니까?

라는 문장이 되는 것입니다. 다른 예를 들어 보면 주어가 you인 경우에는

You are a doctor. 당신은 의사입니다.

를 보통의문문

Are you a doctor? 당신은 의사입니까?

로 하고 거기에 a doctor를 what으로 바꾸고 문장 첫머리에 내면

What are you? 당신은 무엇입니까? 즉 직업이 무엇입니까?

라는 문장이 됩니다. 주어가 I인 경우에는

I am a doctor. 나는 의사입니다.

를 보통의문문

Am I a doctor? 나는 의사입니까?

로 고치고 a doctor를 what으로 바꾸고 문장 첫머리에 내면

What am I? 나는 무엇입니까? 즉 나는 직업이 무엇입니까?

라는 문장이 되는 것입니다.

이들 의문문의 의미와 용법에 관해서 알아봅시다.

What is he? / What is she? / What is Mr. Brown?처럼 3인칭(I, you, 이외)이 주어일 경우에는 자연스럽지만 상대방에게 직접 What are you?라고 묻는 것은 다소 무례한 느낌이 있습니다. 실례되지 않게 묻는 법은 여기서 다룬 표현 이외에 다른 직업을 묻는 말이 있다는 것만을 알아두고 일단 What are you?가 상대방의 직업을 묻는 것이라는 것만 알아둡시다. 단 직접적으로 물어도 실례가 되지 않을 때는 이렇게 물어도 관계없습니다.

What am I? 자신의 직업을 상대방에게 묻는 것은 아주 특별한 경우입니다. 즉, 퀴즈 프로 등에서 자신의 직업 맞추기를 하든지, 연극에서 자신이 맡은 배역이 무슨 직업인가를 물을 경우에 사용되는 어법입니다. 또한 기억상실증이라도 되면 이런 질문이 필요할 지도 모릅니다.

이들 질문에 대한 대답은 yes, no를 사용하지 않고(의문사가 있는 의문문의 대답은 모두 yes, no를 붙이지 않습니다.)

What is he? **- He's a doctor.**
What are you? **- I'm a student.**
What am I? **- You're a teacher.**

라고 합니다.

Point 2 who를 이용한 의문문

who(누구)를 이용한 의문문은 what과 같으므로 간단히 설명해 봅시다. 우선 원문으로

He is my uncle. 그는 나의 삼촌입니다.

이라는 문장을

Is he your uncle? 그는 당신의 삼촌입니까?

이라는 보통 의문문으로 바꿉니다. 만일 그가 누구인지 알 수 없으면 your uncle을 who로 바꾸고 의문사는 문장 첫머리에 와야 하므로

Who is he? 그는 누구입니까?

라는 문장이 됩니다.

who의문문이 나타내는 의미는

(1) 이름을 묻는다.

(2) 신분 또는 관계를 묻는다.

따라서 Who is he? / Who is she?는 그 사람의 이름을 알고 싶은 것인지, 신분·관계를 알고 싶어 하는 것인지가 확실하지 않습니다. 그러므로 이론적으로 말하면 대답은

a) He's Tom Brown. 그는 톰 브라운입니다.

b) He's my uncle. 그는 나의 삼촌입니다.

의 두 가지가 가능하므로 어느 쪽으로 대답해야 하는지가 문제가 될 수 있습니다. 그러나 말이라는 것은 획일적이 아니므로 그때의 상황에 따라 결정하면 됩니다. 만일 대답이 묻고 있는 것에서 벗어나면 상대방이 다시 질문을 할 것입니다. 이렇게 해서 회화는 진행하는 것입니다.

대부분 이름과 관계 모두를 묻는 경우가 많으므로 대답은 처음부터

He's Tom Brown. He's my uncle. 그는 톰 브라운입니다. 나의 삼촌입니다.

이라 하면 친절한 대답이 될 것입니다.

Who's Jane?(제인은 누구입니까?)과 같은 질문에는

She's my cousin. 그녀는 내 사촌입니다.

또는

She's my friend. 그녀는 내 친구입니다.

라고 대답하면 됩니다.

그런데 본문에서는 나오지 않았지만 **Who are you?**(당신은 누구입니까?) 또는 **Who am I?**(나는 누구입니까?)라고 물을 수도 있습니다. **Who are you?**는 주로 상대방이 어떤 사람인가를 물을 때에 사용하는 말이지만 이렇게 묻는 것은 특별한 경우입니다. 예를 들면 전혀 모르는 사람이나 예고 없이 방에 들어온 사람 또는 경찰이 순찰 중에 수상한 인물을 발견했을 경우 **Who are you?**(누구인가?)라고 물을 때 등에 씁니다. 상대방의 이름을 묻는 말은 다음 **Part**에서 배우게 되는데

What's your name? 당신의 이름은 무엇입니까?

을 사용합니다. 이것도 역시 격의 없는 어법으로 격의 없는 상황에서만 쓴다는 것을 알아둡시다. 상대방의 이름을 묻는 방법은 여러 가지가 있는데 이것도 앞으로 배우게 될 것입니다.

Who am I?(나는 누구입니까?)는 **What am I?**와 같이 특별한 상황에서만 씁니다. 즉, 퀴즈프로 등에서 상대방에게 자신의 이름이나 신분을 알아맞히게 하는 상황 등에서 쓸 수 있습니다.

학원을 이기는

독학 영어 첫걸음

Part

소유격

Unit 01

학습일 

'~의(-'s)'를 나타내는 소유격

This is my father's car.

이것은 우리 아버지의 자동차입니다.

STEP 1 여러 번 듣고 소리내어 반복해서 읽어보세요.

A **This is my father's car.**
디스 이즈 마이 파더즈 카

B **It's a fine car.**
잇츠 어 파인 카

Is that your father's motorcycle?
이즈 댓 유얼 파더즈 모우터사이클

A **No, it isn't. It's Tom's motorcycle.**
노우, 잇 이즌트. 잇츠 탐즈 모우터사이클

Tom is my brother.
탐 이즈 마이 브라더

B **This is a new bicycle.**
디스 이즈 어 뉴 바이시클

A **It's my mother's bicycle.**
잇츠 마이 마더즈 바이시클

A 이것은 우리 아버지의 자동차입니다.
B 멋진 자동차이군요.
저것은 당신 아버지의 오토바이입니까?
A 아니요. 톰의 오토바이입니다.
톰은 내 남동생입니다.
B 이것은 새 자전거이군요.
A 우리 어머니의 자전거입니다.

father's [fá:ðər'z] 아버지의 **car** [ka:r] 자동차 **fine** [fain] 멋진 **motorcycle** [móutərsàikl] 오토바이 **Tom's** [tam'z] 톰의 **mother's** [mʌ́ðərz] 어머니의 **bicycle** [báisikəl] 자전거

STEP 2 이것만은 꼭 알아두세요.

This is my father's car.

> father's와 같은 형태를 명사의 소유격이라고 하는데 소유격은 명사에 [-s] 또는 [-z] 발음을 붙이고, 표기할 때에는 -'s ('를 어퍼스트로피(apostrophe)라고 부릅니다.)를 붙여서 만듭니다. 명사가 father, Tom과 같이 유성음(소리가 나는 음)으로 끝날 때에는 [-z]로 발음하고, Mike, aunt처럼 무성음(성대가 울리지 않는 음)으로 끝나는 경우에는 [-s]로 발음합니다.

(예) my **brother's** [brʌ́ðərz] desk
your **friend's** [frendz] bicycle
my **aunt's** [ænts] radio

소유격을 만들 수 있는 것은 보통 사람이나 동물 등의 생물을 나타내는 명사에 한정됩니다.

It's Tom's motorcycle.

> '저것은 당신 아버지의 오토바이입니까?' 에 대한 대답이므로 Tom's에 강한 강세가 있습니다.

Tom is my brother.

> 영어에서의 brother는 형인지 동생인지를 알 수 없습니다. 영어에서는 관습적으로 형·동생이라는 순서는 신경 쓰지 않습니다.

STEP 3 실전 말하기 훈련

주어진 조건에 맞게 〈문형연습〉을 해봅시다.

This is my father's car.

1. your father's car?
2. Yes
3. your brother's car?
4. No

Unit 02

학습일 

he / she의 소유격

Her name is Mi-ra.

그녀의 이름은 미라입니다.

STEP 1 여러 번 듣고 소리내어 반복해서 읽어보세요.

A **Hello. My name is Chul-ho. This is my sister.**
헬로우. 마이 네임 이즈 철호. 디스 이즈 마이 시스터

B **Hi, my name is Emily. This is my brother.**
하이, 마이 네임 이즈 에밀리. 디스 이즈 마이 브라더

What's your sister's name?
왓츠 유얼 시스터즈 네임

A **Her name is Mi-ra.**
허 네임 이즈 미라

What's your brother's name?
왓츠 유얼 브라더즈 네임

B **His name is Ted.**
히즈 네임 이즈 테드

A 안녕하세요. 제 이름은 철호예요. 이쪽은 제 여동생입니다.
B 안녕하세요. 제 이름은 에밀리예요. 이쪽은 제 남동생입니다.
당신의 여동생의 이름은 뭐죠?
A 미라입니다.
당신의 동생 이름은 뭐죠?
B 테드입니다.

name [neim] 이름 **Emily** [emli] 에밀리〈여자 이름〉 **her** [hər] 그녀의 **his** [hiz] 그의 **Ted** [ted] 테드〈남자 이름〉

STEP 2 이것만은 꼭 알아두세요.

My name is Chul-ho.

> 자기소개를 하는 표현입니다.

This is my sister.

> Unit 1에서도 설명했듯이 영어에서는 특별한 경우 외에는 형·동생 등을 구별하지 않지만 여기에서는 전후 관계에서 동생이라는 것을 알 수 있습니다.

What's your sister's name? - Her name is Mi-ra.

> **your sister's** name → **her** name
> **your brother's** name → **his** name

왼쪽의 굵은 글자가 오른쪽의 굵은 글자로 변화하는 것에 주의합시다. your sister는 she, your brother는 he와 같습니다.

What's your brother's name?

> 이 your는 앞의 your sister's name과 대립 관계이므로 악센트가 놓입니다.

STEP 3 실전 말하기 훈련

주어진 조건에 맞게 〈문형연습〉을 해봅시다.

A. Her name is Sun-hee.

1. Sun-hee?
2. Yes
3. Mi-ra?
4. No
5. What?
6. Sun-hee

B. His name is Ted.

1. Ted?
2. Yes
3. Bill?
4. No
5. What?
6. Ted

Unit 03

학습일  

it의 소유격

Its name is Tweetie.

그것의 이름은 트위티입니다.

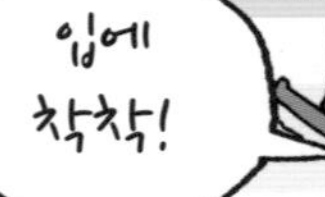

STEP 1 여러 번 듣고 소리내어 반복해서 읽어보세요.

A **Is that your bird?**
이즈 댓 유얼 버드

B **Yes. My bird's name is Sweetie.**
예스. 마이 버드즈 네임 이즈 스위티

Is that your bird?
이즈 댓 유얼 버드

A **Yes. This is my bird.**
예스. 디스 이즈 마이 버드

B **What's its name?**
왓츠 잇츠 네임

A **Its name is Tweetie.**
잇츠 네임 이즈 트위티

B **Tweetie? That's a nice name.**
트위티? 댓츠 어 나이스 네임

A 그게 당신의 새입니까?
B 네, 저의 새 이름은 스위티입니다.
그게 당신의 새입니까?
A 네, 저의 새입니다.
B 이름이 뭔가요?
A 트위티입니다.
B 트위티요? 좋은 이름이군요.

bird [bəːrd] 새 **Sweetie** [swíːti] 스위티〈새 이름〉 **its** [its] 그것의 **Tweetie** [twíːti] 트위티〈새 이름〉
nice [nais] 좋은, 멋진

STEP 2 이것만은 꼭 알아두세요.

What's its name?

> 생물인 고양이나 개에는 보통 **he**, **she**라는 대명사를 쓰는 데 반해 새나 기타 작은 동물에는 **it**을 씁니다.

> **its**는 **my**, **your**, **his**, **her**와 같은 형태입니다.

What	is	your / his / her	name	?
What	is	its	name	?

이와 같은 것을 대명사의 소유격이라고 합니다.

Its name is Tweetie.

> **its**를 **it is**의 단축형인 **it's**와 혼동하지 않도록 주의하고 **it's**의 어퍼스트로피는 **it is**를 단축했다는 표시이므로 표기할 경우에 틀리지 않도록 합시다.

STEP 3 실전 말하기 훈련

주어진 조건에 맞게 〈문형연습〉을 해봅시다.

Its name is Tweetie.

1. Tweetie?
2. Yes
3. Sweetie?
4. No
5. What?
6. Tweetie

who의 소유격 whose

Whose pencil is that?

저것은 누구 연필입니까?

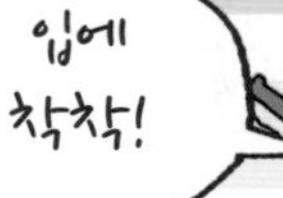

STEP 1 여러 번 듣고 소리내어 반복해서 읽어보세요.

A **Is this your pen?**
이즈 디스 유얼 펜

B **Yes, it is. It's mine.**
예스, 잇 이즈. 잇츠 마인

A **Whose book is that?**
후즈 북 이즈 댓

B **That's mine, too.**
댓츠 마인, 투

A **Whose pencil is that?**
후즈 펜슬 이즈 댓

B **That's yours.**
댓츠 유얼즈

A 이것이 당신 펜입니까?
B 예. 내 것입니다.
A 그것은 누구 책입니까?
B 그것도 내 것입니다.
A 저것은 누구 연필입니까?
B 저것은 당신 것입니다.

mine [main] 나의 (것) **whose** [hu:z] 누구의 **yours** [juə:rz] 당신의 (것)

STEP 2 이것만은 꼭 알아두세요.

It's mine.

> mine은 뒤에 my pen과 내용적으로 같습니다. 즉, 〈my + 명사 = mine〉이 됩니다.

Whose book is that?

> whose는 who의 소유격으로 명사 앞에 와서 '누구의 …' 라는 의미를 나타냅니다.

			That	is	my	book	.
		Is	that		your	book	?
					whose		
Whose	book	is	that			book	?

That's yours.

> 〈yours = your pencil〉 즉, 〈your + 명사 = yours〉가 됩니다. mine, yours와 같은 것을 소유대명사라고 합니다.

STEP 3 실전 말하기 훈련

입으로
술라술라!

주어진 조건에 맞게 〈문형연습〉을 해봅시다.

That's yours.

1. mine?
2. Yes
3. yours?
4. No
5. Whose pen?
6. yours

학습일  

독립소유격

Whose is it?

그것은 누구의 것입니까?

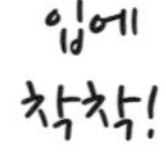

STEP 1 여러 번 듣고 소리내어 반복해서 읽어보세요.

A **Whose radio is this?**
후즈 레이디오 이즈 디스

B **It's my big brother's.**
잇츠 마이 빅 브라더즈

A **That's a fine stereo. Whose is it?**
댓츠 어 파인 스테리오우. 후즈 이즈 잇

B **That's his, too.**
댓츠 히즈, 투

A **Is that your brother's car?**
이즈 댓 유얼 브라더즈 카

B **No, it isn't. It's my father's.**
노우, 잇 이즌트. 잇츠 마이 파더즈

A 이것은 누구의 라디오입니까?
B 우리 형의 것입니다.
A 저것은 멋진 스테레오군요. 누구의 것입니까?
B 저것도 그의 것입니다.
A 저것은 형의 차입니까?
B 아니요. 제 아버지의 것입니다.

big brother [big brʌ́ðər] (큰) 형님 **stereo** [stériòu] 스테레오 **whose** [huːz] 누구의 (것) **his** [hiz] 그의 (것)

STEP 2 이것만은 꼭 알아두세요.

It's my big brother's.

> my big brother's는 뒤에 radio가 생략됐다고 생각하면 이해하기 쉬울 것입니다. 즉, 〈명사의 소유격 + 명사 = 명사의 소유격〉이며, 이와 같은 것을 독립소유격이라고 합니다. 영어에서는 한 번 화제에 오른 명사는 가능하면 반복을 피하는 경향이 있습니다.

Whose is it?

> whose는 whose stereo와 같습니다.

		It	is	my brother's stereo	.
	Is	it		your brother's stereo	?
				whose	
Whose	is	it			?

That's his, too.

> his는 his stereo이며 다음의 관계를 잘 알아둡시다.

my pen → mine　　your pen → yours

his pen → his　　my father's pen → my father's

STEP 3 실전 말하기 훈련

주어진 조건에 맞게 〈문형연습〉을 해봅시다.

It's my big brother's.

1. your big brother's
2. Yes
3. your father's?
4. No
5. Whose?
6. my big brother's

학습일  

소유대명사 hers

Is it hers, too?

저것도 그녀의 것입니까?

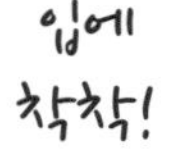

STEP 1 여러 번 듣고 소리내어 반복해서 읽어보세요.

A **Whose violin is that?**
후즈 바이얼린 이즈 댓

B **It's my little sister's.**
잇츠 마이 리를 시스터즈

A **That's a fine piano. Is it hers, too?**
댓츠 어 파인 피애노우. 이즈 잇 허즈, 투

B **No, it isn't. It's my big sister's.**
노우, 잇 이즌트. 잇츠 마이 빅 시스터즈

A 저것은 누구의 바이올린입니까?

B 제 여동생의 것입니다.

A 아주 멋진 피아노군요. 저것도 그녀의 것입니까?

B 아니요. 누나의 것입니다.

violin [vàiəlín] 바이올린 **little** [lítl] 작은〈귀여운이라는 의미도 있다〉 **little sister** [lítl sístə*r*] 여동생
piano [piǽnou] 피아노 **hers** [həː*r*z] 그녀의 (것)

STEP 2 이것만은 꼭 알아두세요.

Whose violin is that?

> whose는 뒤에 violin이 있으므로 '누구의 …' 라는 의미입니다.

It's my little sister's.

> my little sister's는 '내 여동생 것' 이라는 의미로 my little sister's violin과 같습니다.

Is it hers, too?

> hers는 her piano와 같으며 지금까지 나온 소유대명사는 다음과 같습니다.

my pen	→	mine	his pen	→	his
your pen	→	yours	her pen	→	hers

번역이 '저것도 그녀의 것입니까?' 라고 되어 있는 것은 it이 '저것' 에 해당하기 때문은 아닙니다. it은 한번 화제에 올랐던 말을 받는 대명사이므로 여기에서는 a fine piano를 받고 있습니다. 따라서 우리말에서는 이런 경우 '그것도 그녀의 것입니까?' 라고 하지 않고 '저것도' 또는 '저 피아노' 와 같이 번역해야 합니다.

입으로
솰라솰라!

STEP 3 실전 말하기 훈련

주어진 조건에 맞게 〈문형연습〉을 해봅시다.

It's my little sister's.

1. your little sister's?
2. Yes
3. your big sister's?
4. No
5. Whose?
6. my little sister's

Unit 07

학습일  

this / that이 형용사적으로 쓰이는 경우

Is this book yours?

이 책은 당신의 것입니까?

STEP 1 여러 번 듣고 소리내어 반복해서 읽어보세요.

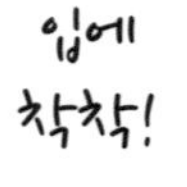

A **Is this book yours?**
이즈 디스 북 유얼즈

B **Yes, it's mine.**
예스, 잇츠 마인

A **Is that book yours, too?**
이즈 댓 북 유얼즈, 투

B **No, it isn't. It's John's.**
노우, 잇 이즌트. 잇츠 존스

A **This notebook isn't mine. Whose is it?**
디스 노우트북 이즌트 마인. 후즈 이즈 잇

B **It's his, too.**
잇츠 히즈, 투

A 이 책은 당신의 것입니까?
B 네, 제 것입니다.
A 저 책도 당신의 것입니까?
B 아니요. 존의 것입니다.
A 이 노트는 제 것이 아닙니다. 누구의 것인가요?
B 그것도 그의 겁니다.

John's [dʒɑnz] 존의 (것) **whose** [hu:z] 누구의 (것)

STEP 2 이것만은 꼭 알아두세요.

Is this book yours? Is that book yours, too?

> this, that은 독립적으로 쓰이는 어법과 형용사적으로 쓰이는 어법이 있습니다.

This / That		is	yours	.
This / That	book	is	yours	.

It's John's.

> John's는 '존의 것(= John's book)' 이라는 소유대명사입니다.

It's his, too.

> his는 '그의 것(= his notebook)' 이라는 소유대명사로 이외에 이 Part에서는 mine, yours, whose라는 소유대명사가 나오고 있습니다.

STEP 3 실전 말하기 훈련

주어진 조건에 맞게 〈문형연습〉을 해봅시다.

This book is mine.

1. yours?
2. Yes
3. John's
4. No
5. Whose?
6. mine

Point 1 소유격

이 Part에서는 '~의' 라는 소유격을 중심으로 공부했습니다. '격' 이라는 것은 문법 용어로 명사 또는 대명사가 다른 말과 어떤 관계가 있는지를 나타내는 형태를 말합니다. 알기 쉽게 말하면 '~가, ~는, ~을, ~를' 에 해당하는 것을 단어의 어형변화로 나타낸 것입니다. '아버지는', '나는' 과 같이 '~는, ~가' 등의 주어가 되는 형태는 '주격' 이라 하고, '아버지의', '나의' 등과 같은 '~의' 는 '~을 가지고 있는, ~소유의' 라는 의미를 나타내므로 '소유격' 이라 부릅니다. 그러나 '~의' 는 반드시 소유관계를 나타내는 데만 쓰이는 것은 아닙니다. 예를 들면 '김 씨의 책' **Mr. Kim's book**은 전후의 관계에 따라 '김 씨가 가지고 있는 책', '김 씨가 쓴 책' 이라는 양쪽의 해석이 가능합니다.

따라서 영어의 소유격에 대해 정리하면 다음과 같습니다.

(1) 보통 명사의 소유격은 사람·동물 등 생물에게만 쓰입니다. '책상 다리' 는 **a leg of a table**과 같이 **of**라는 말을 이용해서 나타내는 것이 보통이지만 미국영어에서는 이 경우에도 **a table's leg**라고 하기도 합니다.

(2) 대명사의 소유격은 특별한 형태를 가지므로 하나씩 암기해야 합니다.

(3) '~의 것' 이라는 독립소유격(대명사는 특히 소유대명사라 합니다.)이 있습니다.

Point 2 명사의 소유격

명사의 소유격을 쓸 때에는 명사에 **-'s**(어퍼스트로피 에스)를 붙이고 발음은 [-s] 또는 [-z]가 됩니다. **Mike**, **aunt**와 같이 끝나는 음이 무성음이면 [-s]로 발음하고 **father**, **mother**와 같이 유성음으로 끝나면 [-z]로 발음합니다. 또한 **aunt**와 같은 [-t]로 끝나는 말, **friend**와 같이 [-d]로 끝나는 말의 소유격은 마지막 음이 각각 [-ts], [-dz]가 되는데 이것들은 한 음으로 발음합니다.

Mike's bicycle 마이크의 자전거
my aunt's violin 아주머니의 바이올린
your father's car 당신 아버지의 차
my friend's book 내 친구의 책

그러나 -s로 끝난 복수명사의 소유격은 '(어퍼스트로피)만 붙입니다.

teachers' room 교무실
boys' sneakers 소년들용 운동화
ladies' room 여자 화장실
parents' house 부모님댁

무생물의 소유격은 전치사 of를 사용합니다.

the owner of the hotel 그 호텔의 주인
the door of the classroom 그 강의실의 문
the legs of the table 그 탁자의 다리
the roof of the house 그 집의 지붕

인칭대명사의 소유격

지금까지 배운 인칭대명사의 주격과 소유격을 종합하면 다음과 같습니다.

	주격	소유격	소유대명사
1인칭	I	my	mine
2인칭	you	your	yours
3인칭	he	his	his
	she	her	hers
	it	its	-

단 대명사 it은 소유대명사 형태가 없습니다.

My skirt is in the closet. 제 스커트는 옷장에 있어요.

Tom sold his car. 톰은 자기 차를 팔았다.
This is not mine. 이것은 제 것이 아닙니다.
The red umbrella is hers. 그 빨간 우산은 그녀의 것이다.

Point 4 의문대명사 who의 소유격

'누구의' 는 whose입니다. 또한 whose는 '누구의 것' 이라는 소유대명사도 됩니다.

Whose book is that? 저것은 누구의 책입니까?

은 whose가 '누구의' 라는 의미로 책이 화제가 되어 있습니다. 그 소유자만이 문제가 될 경우에는

Whose is that? 저것은 누구 것입니까?

이라고 book을 생략해서 말합니다. 즉, 이 whose는 〈whose + 명사〉와 같습니다. 영어에서는 한번 화제에 오른 명사는 반복해서 말하지 않는 습관이 있다고 말했습니다. 따라서 그것이 '누구의 것' 이라는 whose가 쓰이는 이유입니다. 이것을 더욱 확실히 알기 위해 다음의 대화를 영어로 고친다고 생각해 봅시다.

이것은 당신 책입니까? **Is this your book?**
아닙니다. **No, it isn't.**
그러면 누구 책입니까? **Whose is it, then?**

마지막 문장은 Whose book is it, then?이라 해도 틀린 것은 아니지만 이미 book은 화제에 오른 것이므로 Whose is it, then?이라고 하는 것이 자연스럽습니다.

Point 5
독립소유격과 소유대명사

명사의 소유격 뒤에 오는 명사를 생략해서 '내 형의 것' 이라는 의미로 **my big brother's**를 사용하는 경우 이것을 명사의 독립소유격이라고 합니다. 또한 '내 것' 의 **mine**, '당신의 것' 의 **yours**와 같이 대명사 뒤에 오는 명사를 생략했을 때의 어법을 소유대명사라 부릅니다(소유대명사의 형태에 관해서는 앞에 나온 「대명사의 소유격」 항의 표를 참조). 독립소유격과 소유대명사는 이름은 다르지만 내용적으로는 같습니다. 앞의 '의문대명사 **who**의 소유격' 에서 설명했듯이 영어에는 한번 화제에 오른 명사는 가능하면 반복하지 않는 습관이 있고 그것이 이 형태가 사용되는 이유입니다. 예를 들면 다음의 우리말 대화를 영어로 고치는 경우를 생각해 봅시다.

A : 저것은 당신의 펜입니까?	**Is that your pen?**
B : 아뇨, 아닙니다. 내 펜이 아닙니다.	**No, it isn't. It isn't mine.**
A : 그러면 그녀의 펜입니까?	**Is it hers?**
B : 아뇨, 그녀의 펜이 아닙니다.	**No, it's not hers.**
A : 그러면 누구의 펜입니까?	**Whose is it, then?**
B : 당신의 펜이에요.	**It's yours.**

이 대화에서는 '펜' 이 계속 반복되고 있지만 우리말에서는 그렇게 이상하게 느껴지지 않습니다. 그러나 이것을 그대로 영어로 고치면 아주 부자연스럽습니다.

A : Is that your pen?
B : No, it isn't. It isn't my pen.
A : Is it her pen?
B : No, it isn't her pen.
A : Whose pen is it, then?
B : It's your pen.

과 같이 **pen**을 여러 번 반복하는 것은 영어의 관습에 맞지 않습니다.

그래서 위와 같이 한번 **pen**을 사용했으면 다음부터는 소유대명사(경우에 따라서는 명사의 독립소유격)를 사용해서 나타내야 합니다.

또한 〈문형연습〉에서는

Is this your pen?
- No, it isn't. It isn't my pen.

과 같이 질문과 대답 연습을 했지만, 이와 같은 한 번의 질문과 대답인 경우에는 그렇게 부자연스럽지 않습니다. 〈문형연습〉은 각각 한 번의 질문과 대답으로 일련의 연속적인 대화가 아닙니다. 〈문형연습〉은 문장의 구조를 이해하는 것이 목적이므로 모두 완전 응답으로 연습하도록 되어 있지만 일상의 영어회화에는 그것이 부분적으로 생략되거나 소유대명사로 바꿔 말하는 것이 대부분입니다.

Point 6 this와 that이 형용사적으로 쓰이는 경우

this는 가까이에 있는 것을 지칭할 때, that은 떨어져 있는 것을 지칭할 때 사용합니다. this의 복수형은 these, that의 복수형은 those입니다. 이 Part에서는 this와 that이 각각 this book(이 책), that bicycle(저 자전거)과 같이 명사를 수식하는 역할을 하는 용법도 배웠습니다. 이것은 우리말의 '이', '저'와 같은 용법이므로 그렇게 어렵지는 않을 것입니다.

This flower is for you. 이 꽃은 너를 위한 것이다.
I like that picture. 난 저 그림이 마음에 든다.
These flowers are for you. 이 꽃들은 너를 위한 것이다.
I like those pictures. 난 저 그림들이 마음에 든다.

Part

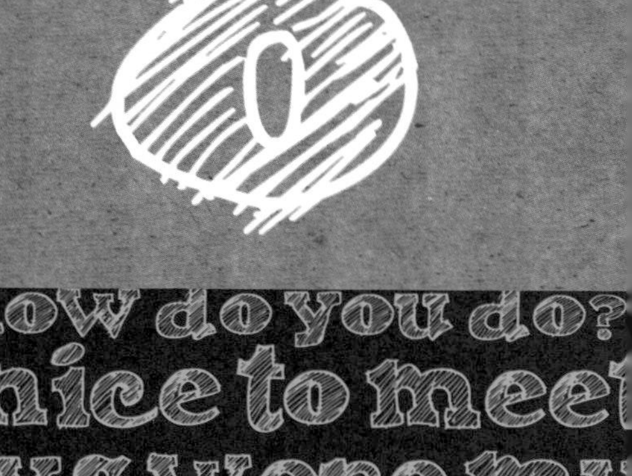

복수형

Unit 01

학습일 

명사의 복수형

They're my neighbors.

그들은 나의 이웃입니다.

STEP 1 여러 번 듣고 소리내어 반복해서 읽어보세요.

A **Who is that boy?**
후 이즈 댓 보이

B **He's Bill.**
히즈 빌

A **Who's that girl?**
후즈 댓 걸

B **She's Jane. Bill and Jane are my friends.**
쉬즈 제인. 빌 앤 제인 알 마이 프랜즈

A **Are they your classmates?**
알 데이 유어 클래스메이츠

B **No, they aren't. They aren't my classmates.**
노우, 데이 안트. 데이 안트 마이 클래스메이츠

A **Are they your neighbors?**
알 데이 유어 네이버즈

B **Yes, they are. They're my neighbors.**
예스, 데이 알. 데이얼 마이 네이버즈

A 저 소년은 누구입니까?
B 빌입니다.
A 저 소녀는 누구입니까?
B 제인입니다. 빌과 제인은 내 친구입니다.
A 그들은 당신의 같은 반 친구들입니까?
B 아니요, 그들은 같은 반은 아닙니다.
A 그들은 당신 이웃입니까?
B 네, 그래요, 그들은 나의 이웃입니다.

and [ænd] ~과(와) **friends** [frendz] 친구〈복수형〉 **they** [ðei] 그들(은) **classmates** [klǽsmèits] 동급생〈복수형〉 **neighbors** [néiberz] 이웃사람〈복수형〉 **they're** they are의 단축형

STEP 2 이것만은 꼭 알아두세요.

단수와 복수

> 한 개를 나타내는 수를 단수라고 하고, 두 개 이상을 나타내는 수를 복수라고 합니다. 단수를 나타내는 명사형을 단수형이라 하고 셀 수 있는 명사인 경우에는 그 앞에 관사인 **a**, **an**을 붙입니다. 복수를 나타내는 명사의 형을 복수형이라고 하고 **a**, **an**은 붙이지 않고 어미에 보통 **-s**를 붙이는데 발음은 [-s](무성음 다음), [-z](유성음 다음)가 됩니다.

Bill and Jane are my friends.

> **and**는 **A and B** **'A와 B'** 와 같이 두 가지의 것을 연결하는 접속사입니다. **are**는 복수인 것에 대해 '…입니다' 라는 의미를 나타내는 말이고 **friends**는 **friend**의 복수형입니다.

Are they your classmates?

> **they**는 '그들은' 이라는 대명사로 여기에서는 **they = Bill and Jane**의 관계입니다. **They are** … → **Are they** …**?** 라는 의문문의 어순에 주의합시다.

They aren't my classmates.

> **aren't = are not**. **They are** …의 부정문은 **They are not** …입니다.

STEP 3 실전 말하기 훈련

주어진 조건에 맞게 〈문형연습〉을 해봅시다.

Bill and Jane are my friends.

1. your friends?
2. Yes
3. your classmates?
4. No
5. your neighbors?
6. Yes

Unit 02

학습일 

복수형의 의문문

Who are they?

그들은 누구입니까?

STEP 1 여러 번 듣고 소리내어 반복해서 읽어보세요.

A **Who are they?**
후 알 데이

B **They are Mr. and Mrs. Brown.**
데이 알 미스터 앤 미시즈 브라운

A **Are they Americans?**
알 데이 어메리컨즈

B **Yes, they are.**
예스, 데이 알

A **Are they Bill's parents?**
알 데이 빌스 페어런츠

B **No, they aren't. They're Mike's parents.**
노우, 데이 안트. 데이얼 마이크스 페어런츠

A 저 사람들은 누구입니까?
B 브라운 부부입니다.
A 미국사람입니까?
B 네, 그렇습니다.
A 빌의 부모님입니까?
B 아니요. 마이크의 부모님입니다.

Mr. and Mrs. Brown 브라운 씨 부부 **parents** [pέərənts] 부모〈복수형〉

STEP 2 이것만은 꼭 알아두세요.

Who are they?

> They are …라는 문장의 여러 가지 형태에 관해 종합해 봅시다.

평서문			They	are		Mr. and Mrs. Brown	.
의문문		Are	they			Mr. and Mrs. Brown	?
의문사가 있는 의문문	Who	are	they			who	?
부정문			They	are	not	Mr. and Mrs. Brown	.

Who are they?

> they는 보통 약한 강세만 있습니다.

STEP 3 실전 말하기 훈련

주어진 조건에 맞게 〈문형연습〉을 해봅시다.

They are Mr. and Mrs. Brown.

1. Mr. and Mrs. Brown?
2. Yes
3. Mr. and Mrs. Green?
4. No
5. Who?
6. Mr. and Mrs. Brown

Unit 03

학습일  

they의 소유격 their

She's their aunt.

그녀는 그들의 이모입니다.

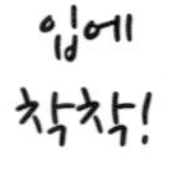

STEP 1 여러 번 듣고 소리내어 반복해서 읽어보세요.

A **Who's that tall boy?**
후즈 댓 톨 보이

B **That's John.**
댓츠 존

A **Who's that short boy?**
후즈 댓 숏 보이

B **Tom. John and Tom are brothers.**
탐. 존 앤 탐 알 브라더즈

A **Is that man their father?**
이즈 댓 맨 데얼 파더

B **Yes, he's their father.**
예스, 히즈 데얼 파더

A **Is that woman their mother?**
이즈 댓 우먼 데얼 마더

B **No. She's their aunt.**
노우. 쉬즈 데얼 앤트

A 저 키가 큰 소년은 누구입니까?
B 존입니다.
A 저 키가 작은 소년은 누구입니까?
B 톰입니다. 존과 톰은 형제입니다.
A 저 남자는 그들의 아버지입니까?
B 네, 그들의 아버지입니다.
A 저 여자는 그들의 어머니입니까?
B 아니요, 그녀는 그들의 이모입니다.

tall [tɔːl] 키가 큰 **short** [ʃɔːrt] 키가 작은 **man** [mæn] 남자(성인) **woman** [wúmən] 여자(성인)
their [ðɛər] 그들의⟨they의 소유격⟩

STEP 2 이것만은 꼭 알아두세요.

Who's that tall boy?

> **that tall boy**는 '저 키가 큰 소년' 이라는 의미이지만 명사에 형용사가 붙으면 **that**은 그 앞에 옵니다.

Is that man their father?

> **their**는 '그들의' 라는 의미로 **they**의 소유격입니다.
> **they = John and Tom.**

Is that woman their mother?

> **man**이 '성인 남성' 을 나타내는데 비해, **woman**은 '성인 여성' 을 나타냅니다. 영어에도 남녀에 관계없이 '사람' 을 의미하는 말도 있지만 **man, woman**과 같이 남녀의 성별을 구별하는 말을 흔히 사용합니다.

STEP 3 실전 말하기 훈련

주어진 조건에 맞게 〈문형연습〉을 해봅시다.

That man is their father.

1. their father?
2. Yes
3. their teacher?
4. No
5. Who?
6. their father

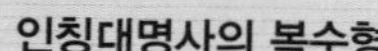

인칭대명사의 복수형

We're really busy today.

우리는 오늘 정말 바쁩니다.

STEP 1 여러 번 듣고 소리내어 반복해서 읽어보세요.

A **Hello, Chul-ho. Hi, Mi-ra.**
헬로우, 철호. 하이 미라

B **Hi, Bill.**
하이, 빌

A **How are you this morning?**
하우 알 유 디스 모닝

B **We are fine. How are you?**
위 알 파인. 하우 알 유

A **Fine. Are you free today?**
파인. 알 유 프리 투데이

B **No, we aren't. We're really busy today.**
노우, 위 안트. 위어 리얼리 비지 투데이

A 안녕, 철호. 안녕, 미라.
B 안녕, 빌.
A 오늘 아침은 어때요?
B 좋아요. 당신은요?
A 좋아요. 당신들은 오늘 한가한가요?
B 아뇨. 우리는 오늘 정말 바빠요.

you [ju:] 당신들〈복수〉 **we** [wi:] 우리들〈복수〉 **free** [fri:] 한가한 **today** [tədéi] 오늘은 **we're** [wəːr] we are의 단축형 **really** [ríːəli] 정말로 **busy** [bízi] 바쁜

STEP 2 이것만은 꼭 알아두세요.

Hello, Chul-ho. Hi, Mi-ra.

> 모두 말끝을 올려서 말합니다.

How are you this morning?

> How are you?는 '어떻습니까?, 건강합니까?' 라는 인사로 대답은 Fine, thank you.가 보통입니다. 상대방에게 다시 물을 때에는 How are you?로 you를 강하게 말합니다.

> 이 경우의 you는 '당신들은' 이라는 의미로 철호와 미라 모두를 향해서 묻는 것입니다.

> this morning은 '오늘 아침' 이라는 뜻입니다.

We are fine.

> we는 '우리들' 이라는 의미로 말하는 사람을 포함한 복수의 의미로 인칭대명사의 단수와 복수를 도표로 정리하면 다음과 같습니다.

	단 수	복 수
1인칭	I	we
2인칭	you	you
3인칭	he	they

We're really busy today.

> really, today 등과 같이 형용사 등을 수식하는 말을 부사라고 합니다. (cf. very)

* cf. 는 '~을 참조하라, ~와 비교하라' 라는 의미를 나타내는 기호입니다.

STEP 3 실전 말하기 훈련

주어진 조건에 맞게 〈문형연습〉을 해봅시다.

We're busy today.

1. Are you?
2. Yes
3. free?
4. No
5. really busy?
6. Yes

Unit 05

학습일

1 · 2인칭 복수형의 소유격

That's our school.

저것이 우리 학교입니다.

STEP 1 여러 번 듣고 소리내어 반복해서 읽어보세요.

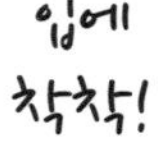

A **That's our school.**
댓츠 아우어 스쿨

B **It's a new school.**
잇츠 어 뉴 스쿨

A **Is your school new, too?**
이즈 유어 스쿨 뉴, 투

B **No, it isn't. It's very old.**
노우, 잇 이즌트. 잇츠 베리 오울드

Who is that man over there?
후 이즈 댓 맨 오버 데어

A **He's our principal.**
히즈 아우어 프린서펄

A 저것이 우리 학교입니다.
B 새 학교이군요.
A 당신 학교도 새 것입니까?
B 아니요. 아주 낡았습니다.
저기에 있는 분은 누구입니까?
A 우리 학교 교장선생님입니다.

our [auər] 우리들의〈소유격〉 **school** [sku:l] 학교 **your** [juə:r] 당신들의〈소유격〉 **over there** [óuvər ðɛər] 저쪽의[에], 저기의[에] **principal** [prínsəpəl] 교장

STEP 2 이것만은 꼭 알아두세요.

That's our school.

> **our**는 '우리들의' 라는 **1**인칭 복수대명사의 소유격입니다.

비교
- I, my
- we, our

Is your school new, too?

> **your**는 '당신들의' 라는 복수 **2**인칭 인칭대명사의 소유격입니다. **2**인칭 인칭대명사는 단수·복수가 모두 **you**로 형태가 같습니다.

Who is that man over there?

> **over there**는 '저쪽의[에]' 라는 의미로 보통 떨어진 곳에 있는 사람·사물을 가리킬 때 사용합니다.

STEP 3 실전 말하기 훈련

주어진 조건에 맞게 〈문형연습〉을 해봅시다.

That's our school.

1. your school?
2. Yes
3. Tom's school?
4. No
5. Whose school?
6. our school

Unit 06

학습일  

this / that의 복수형

These are my books.

이것들은 내 책들입니다.

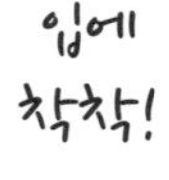

STEP 1 여러 번 듣고 소리내어 반복해서 읽어보세요.

A **This is my room.**
디스 이즈 마이 룸

B **It's a very nice room.**
잇츠 어 베리 나이스 룸

A **These are my books.**
디즈 알 마이 북스

Those are my big brother's dictionaries.
도즈 알 마이 빅 브라더즈 딕셔너리즈

B **What are these?**
웟 알 디즈

A **They are my photo albums.**
데이 알 마이 포우토우 앨범즈

A 이것이 내 방입니다.
B 아주 좋은 방이군요.
A 이것들은 내 책들입니다.
저것들은 형의 사전들입니다.
B 이것들은 뭡니까?
A 내 사진 앨범들입니다.

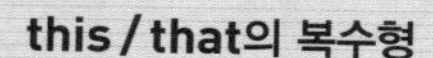

room [ru:m] 방 **these** [ði:z] 이것(들)〈this의 복수형〉 **those** [ðouz] 저것(들)〈that의 복수형〉
dictionaries [díkʃənèriz] 사전〈dictionary의 복수형〉 **photo album** [fóutou ǽlbəm] 사진 앨범

STEP 2 이것만은 꼭 알아두세요.

It's a very nice room.

> nice는 room을 수식하고, very는 nice를 수식하고 있습니다. 이와 같은 구문에서는 관사인 a, an은 very 앞에 옵니다.

These are my books.

> these는 this의 복수형입니다.

This	is	a	book	.
This	is	my	book	.
These	are		books	.
These	are	my	books	.

Those are my big brother's dictionaries.

> those는 that의 복수형으로 용법은 these와 같습니다. dictionaries는 dictionary의 복수형으로 일반적으로 〈자음글자 + y〉로 끝나는 명사의 복수형은 쓸 때에 y를 ie로 바꾸고 -s를 붙입니다.

복수형의 발음에 주의합시다.

> 무성음 뒤에서는 [-s] (예) books [buks]
> 유성음 뒤에서는 [-z] (예) dictionaries [díkʃənèriz], albums [ǽlbəmz]
> brother's [brʌ́ðərz]와 같은 소유격의 발음도 규칙은 같습니다.

STEP 3 실전 말하기 훈련

주어진 조건에 맞게 〈문형연습〉을 해봅시다.

These are my record albums.

1. your record albums?
2. Yes
3. your photo albums?
4. No
5. What?
6. my record albums

Unit 07

학습일

these / those가 형용사적으로 쓰이는 경우

What are these flowers?

이 꽃들은 무엇입니까?

STEP 1 여러 번 듣고 소리내어 반복해서 읽어보세요.

A **Hello, Mi-ra. What's that?**
헬로우, 미라. 왓츠 댓

B **Oh, these are flowers.**
오우, 디즈 알 플라우어즈

A **Flowers?**
플라우어즈

B **Yes.**
예스

A **They're very beautiful.**
데이어 베리 뷰터펄

What are these flowers? Are they lilies?
웟 알 디즈 플라우어즈? 알 데이 릴리즈

B **No, they're tulips.**
노우, 데이어 튜립스

A **What are those flowers?**
웟 알 도즈 플라우어즈

B **They're roses.**
데이어 로우지즈

A 안녕, 미라. 그것은 뭔가요?
B 아, 꽃들이에요.
A 꽃이요?
B 네.
A 아주 예쁘군요.
이 꽃들은 뭔가요? 백합인가요?
B 아뇨, 튤립이에요.
A 그 꽃들은 뭔가요?
B 장미예요.

oh [ou] 아 **flower** [fláuər] 꽃, 화초 **beautiful** [bjú:təfəl] 아름다운, 예쁜 **lilies** [líliz] 백합(꽃)〈lily의 복수형〉 **tulip** [tjú:lip] 튤립(꽃) **roses** [rouziz] 장미〈rose의 복수형〉

STEP 2 이것만은 꼭 알아두세요.

Oh, these are flowers.

> oh는 놀람이나 감탄 등을 나타내는 말로 감탄사라고 합니다. 표기할 때에는 항상 다음에 콤마를 붙입니다.

What are these flowers?

> 이 문장이 어떻게 구성되어 있는지 살펴봅시다.

		This flower	is	a	lily	.
		These flowers	are		lilies	.
	Are	these flowers			lilies	?
What	are	these flowers			what	?

What are those flowers?

> those는 '저것들의' 라는 의미로 용법은 these와 같습니다.

복수형 만드는 법

> rose와 같이 [z]로 끝나는 말은 복수형 어미를 [-iz]로 발음합니다.

STEP 3 실전 말하기 훈련

주어진 조건에 맞게 〈문형연습〉을 해봅시다.

These flowers are tulips.

1. tulips?
2. Yes
3. roses?
4. No
5. What?
6. tulips

Unit 08

학습일  

복수형 명사의 소유격

They're ladies' hats.

그것들은 여성용 모자입니다.

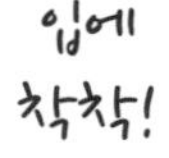

STEP 1 여러 번 듣고 소리내어 반복해서 읽어보세요.

A **This is a big department store.**
디스 이즈 어 빅 디팟먼트 스토어

B **Are these girls' shoes?**
알 디즈 걸즈 슈즈

A **No, they are boys' shoes.**
노우, 데이 알 보이즈 슈즈

B **Are these men's suits?**
알 디즈 멘즈 슛츠

A **Yes, they are.**
예스, 데이 알

B **What are these?**
웟 알 디즈

A **They're ladies' hats.**
데이어 레이디즈 햇츠

A 큰 백화점이군요.
B 이것들은 여성용 구두입니까?
A 아니요, 남성용 구두입니다.
B 이것들은 신사용 양복입니까?
A 예, 그래요.
B 이것들은 뭡니까?
A 여성용 모자입니다.

department store [dipáːrtmənt stɔːr] 백화점 **girls'** [gəːrlz] 여자의〈girl의 복수형의 소유격〉 **shoes** [ʃuːz] 구두 **men's** [menz] 남자의〈man의 복수형의 소유격〉 **suit** [suːt] 양복 1벌 **ladies'** [léidiz] 부인의〈lady의 복수형의 소유격〉

STEP 2 이것만은 꼭 알아두세요.

Are these girls' shoes? / No, they are boys' shoes.

> girls'는 '여성(들)의', boy's는 '남성(들)의' 라는 의미입니다. 일반적으로 -s로 끝나는 복수형 명사의 소유격 발음은 보통의 복수형과 같지만 표기할 때에는 어퍼스트로피(')를 붙입니다. cf. girls', boy's

Are these men's suits?

> men은 man의 복수형입니다. 지금까지 나온 명사의 복수형은 어미에 [-s] [-z]를 붙여서 만들었지만 man - men과 같이 모음을 변화시켜서 복수형을 만드는 명사도 있습니다. 이와 같이 [-s] [-z]를 취하지 않고 만드는 복수형을 불규칙 복수형이라고 하고, [-s] [-z]를 취하는 것을 규칙 복수형이라고 합니다. 불규칙 복수형의 소유격은 [-s] [-z](쓸 때는 -'s)를 붙입니다.

예)
1. 모음이 변하는 경우 : foot → feet / tooth → teeth / mouse → mice / woman → women
2. 어미에 –en을 붙이는 경우 : ox → oxen / child → children
3. 단수형과 복수형이 같은 경우 : sheep, deer, fish, Chinese, Japanese, Swiss
4. 복합명사의 복수형 : looker-on → lookers-on / step-mother → step-mothers / father-in-law → fathers-in-law / merry-go-round → merry-go-rounds

They're ladies' hats.

> ladies'는 lady의 복수형의 소유격입니다.

> 강세에 주의합시다. depártment stòre / gírls' shòes / bóy's shòes

STEP 3 실전 말하기 훈련

주어진 조건에 맞게 〈문형연습〉을 해봅시다.

These are boys' shoes.

1. boys' shoes?
2. Yes
3. girls' shoes?
4. No

Unit 09

학습일

1 · 2인칭 복수형의 소유대명사

Ours is very old.

우리 것은 매우 낡았습니다.

STEP 1 여러 번 듣고 소리내어 반복해서 읽어보세요.

A **This is our classroom.**
디스 이즈 아우어 클래스룸

B **It's beautiful. Are these new desks yours?**
잇츠 뷰터펄. 알 디즈 뉴 데스크스 유얼즈

A **Yes, they are ours.**
예스, 데이 알 아우얼즈

B **You are lucky.**
유 알 럭키

A **Yes, we are. Is your classroom new, too?**
예스, 위 알. 이즈 유얼 클래스룸 뉴, 투

B **No. Ours is very old.**
노우. 아우얼즈 이즈 베리 오울드

A 이것이 우리의 교실입니다.
B 멋지군요. 이 새 책상들은 당신들의 것인가요?
A 네, 우리들 거예요.
B 당신들은 좋겠네요.
A 그래요. 당신의 교실도 새 것인가요?
B 아뇨, 우리 것은 매우 낡았어요.

classroom [klǽsrù(ː)m] 교실 **yours** [juəːrz, jɔːrz] 당신들의 (것) **ours** [auərz] 우리들의 (것)
lucky [lʌ́ki] 운이 좋은

STEP 2 이것만은 꼭 알아두세요.

Are these new desks yours?

> yours에는 '당신의 것' 이라는 의미도 있지만 여기에서는 복수 2인칭 대명사 you의 소유대명사로 '당신들의 것' 이라는 의미로 쓰였습니다.
> 즉, yours는 your desks입니다.

Yes, they are ours.

> ours는 our desks 대신 쓰였고 '우리들의 것' 이라는 의미입니다.

You are lucky. - Yes, we are.

> 지금까지의 질문과 대답 형태에서 약간 벗어난 것입니다. 즉, 첫 문장이 의문문이 아닌데도 yes로 대답하고 있습니다. 이 yes는 '예, 그래요' 라고 상대방이 말한 것에 맞장구치는 것입니다.

Ours is very old.

> ours는 our classroom(우리 교실)을 대신하고 있습니다.

STEP 3 실전 말하기 훈련

입으로
솰라솰라!

주어진 조건에 맞게 〈문형연습〉을 해봅시다.

These new desks are ours.

1. yours?	***4.*** No
2. Yes	***5.*** Whose?
3. ours?	***6.*** ours

Unit 10

학습일  

they의 소유대명사

Is that car theirs?

저 차는 그들의 것입니까?

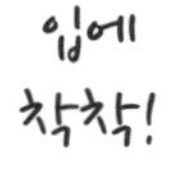

STEP 1 여러 번 듣고 소리내어 반복해서 읽어보세요.

A **Who are they?**
후 알 데이

B **Mr. and Mrs. White. They're our neighbors.**
미스터 앤 미시즈. 화잇. 데이어 아우어 네이버즈

A **Is that car theirs?**
이즈 댓 카 데어즈

B **No, it's ours.**
노우, 잇츠 아우어즈

A **Is that dog yours, too?**
이즈 댓 독 유어즈, 투

B **No, it isn't. It's theirs.**
노우, 잇 이즌트. 잇츠 데어즈

A 그들은 누구입니까?
B 화이트 씨 부부입니다. 우리 이웃입니다.
A 저 차는 그들의 것입니까?
B 아니, 우리 겁니다.
A 저 개도 당신들 겁니까?
B 아니요. 그들의 것입니다.

Mr. and Mrs. White 화이트 씨 부부 **neighbor** [néibər] 이웃 **theirs** [ðɛərz] 그들의 (것)

STEP 2 이것만은 꼭 알아두세요.

They're our neighbors.

> They're = They are

> our '우리들의' 는 자신의 가족을 포함해서 말하고 있는 것입니다.

Is that car theirs?

> theirs는 '그들의 것' 이라는 의미로 복수 3인칭 인칭대명사 they의 소유대명사입니다. 즉, theirs = their car입니다.

강세

> ours, yours, theirs는 모두 강한 강세가 있습니다.

STEP 3 실전 말하기 훈련

주어진 조건에 맞게 〈문형연습〉을 해봅시다.

That car is theirs.

1. theirs?
2. Yes
3. yours?
4. No
5. Whose?
6. theirs

단수와 복수

하나의 사람·사물을 나타내는 수를 단수라고 하고, 둘 이상의 것을 나타내는 수를 복수라고 합니다. 우리말에도 '계란 열 개 주세요.', '형제가 두 명 있습니다.' 또는 '나는 연필이 한 자루도 없습니다.' 등과 같이 필요에 따라 한 자루, 두 명 또는 열 개를 구별해서 말하고 있습니다. 그러나 지금 여기에서 말하는 단수·복수라는 수는 이와 같은 수의 계산 또는 수의 표시와는 다른 것입니다. 우리말로

'저것은 무엇입니까?'

'책이에요.'

라는 대화를 할 경우 그 물건이 무엇이냐는 것으로 우리말에서는 그것이 책이라는 것을 알고 있다면 한 권이든지 두 권 이상이든지 상관하지 않습니다. 즉, '책 한 권' 또는 '두 권 이상의 책' 이라는 것은 필요 없는 쓸데없는 말에 지나지 않습니다. 또한 우리말에서는 '책' 이라는 말은 한 권이든지 두 권 이상이든지 말의 형태에는 아무 변화가 없습니다. 그런데 영어는 이와 같은 경우 항상 명사가 한 개인지, 두 권 이상인지를 형태상으로 확실하게 구별해서 말해야 합니다. 또한 형태상의 구별은 한 개(단수인가) 둘 이상(복수인가)라는 구별만 있고 둘 이상이면 셋이든지 백이든지는 구별하지 않습니다. 구별이 필요할 경우에는 우리말에서와 같이 '두 권의', '백 명의' 를 나타내는 수를 첨가해서 나타냅니다. 따라서 단수 · 복수의 구별은 수의 계산이라는 수학적인 문제가 아니고 말의 습관적인 규칙 즉, 문법상의 문제로서 생각해야 하는 것입니다.

위에 예로 든 우리말 대화를 영어로 고치면 '저것은 무엇입니까?' 는 보통

What's that?

으로 단수형으로 묻지만 만일 그 물건이 처음부터 확실히 복수라고 알고 있다면

What are those?

라고 복수형으로 물어야 합니다. 대답하는 쪽은 책이 한 권이면

It's a book.

으로 단수형으로 대답하지만 만일 책이 두 권 이상이면

They are books.

라고 복수로 대답합니다. 두번째 대답에서 알 수 있는 것은 물건이 책이라는 것과 두 권 이상 즉, 복수라는 것이고 무슨 책인지는 알 수 없습니다. 이 대화에서는 책의 개수가 문제가 되는 것은 아닌 것입니다. 이와 같이 단수면 **book**이라는 단수형을 쓰고 **a**라는 관사가 붙고, 복수라면 **books**라는 복수형을 쓰고 **a**는 붙지 않습니다.

그러면 영어에서는 왜 단수 · 복수를 구별하는 것일까요? 그것은 오랜 기간에 걸친 습관입니다. 그러면 단수·복수를 구별하는 말이 편리하고 뛰어난 말일까요? 결코 그렇지는 않습니다. 위에서도 설명한 것처럼 영어에서는 단수 · 복수의 구별을 하더라도 두 개 이상인 경우에는 구별을 하지 않으므로 수의 계산에는 도움이 되지 않습니다. 영어에서도 수가 문제가 될 때에는 두 개인지 세 개인지를 나타내는 말을 덧붙여서 말합니다. 하나인지 둘 이상인지의 차이가 문제가 될 때에는 그런 대로 편리할 수도 있지만 대부분의 경우에는 무용한 구별이고 그 때문에 말의 규칙이 복잡하게 되는 것은 결점이라고 할 수 있을 것입니다. 그러나 이론상으로 단점 또는 결점을 논하는 것은 외국어 학습과는 별문제로 외국어는 그 나라 사람들이 말하고 있는 대로의 어법을 배워야 하는 것입니다.

Point 2 복수형 만드는 법

명사는 사전에 실려 있는 그대로의 형을 단수형이라 하고 문장 속에는 **a**(모음 앞에서는 **an**)라는 관사를 앞에 붙입니다. 단 명사 중에는 셀 수 없는 것도 있고 이 규칙에는 꼭 맞지 않는 경우도 있지만 이것들은 나중에 설명하기로 하고 명사를 복수형으로 만들 때는

〈명사 **+ -s**(또는 **-es**)〉

를 씁니다.

books, desks, hats, classmates, boxes (box의 복수형)

cars, tables, friends, roses, lilies

원칙적으로는 **-s**를 붙이지만 위의 예에도 있듯이 **box** 등에는 **-es**를 붙입니다. **-es**를 붙이는 것은 단어가 **-s, -ss, -ch, -sh, -x** 등으로 끝나는 경우입니다.

classes class (수업)의 복수형
churches church (교회)의 복수형
dishes dish (그릇)의 복수형
boxes box (상자)의 복수형

또한 단어가 〈자음 + **y**〉로 끝나는 것은 **y**를 **i**로 바꾸고 **-es**를 붙입니다.

lilies lily (백합)의 복수형
ladies lady (부인)의 복수형
dictionaries dictionary (사전)의 복수형

-f나 **-fe**로 끝나는 말은 **-f, -fe**를 **v**로 고치고 **-es**를 붙입니다.

knives knife (나이프)의 복수형
loaves loaf (빵 한 덩어리)의 복수형
scarves scarf (스카프)의 복수형

〈예외〉

chief (우두머리) → **chiefs**
proof (증거) → **proofs**
roof (지붕) → **roofs**
safe (금고) → **safes**
handkerchief (손수건) → **handkerchiefs**

복수형의 어미 **-s(-es)**의 발음 규칙은 앞에서 배운 소유격 발음과 거의 같지만 그 때에는 나오지 않았던 발음도 있으므로 여기에서 종합해 봅시다. 이

규칙은 소유격의 발음에서도 그대로 적용되므로 반드시 익혀둡시다.

(1) 무성음으로 끝나는 단어 뒤에서는 원칙적으로 [-s]로 발음합니다.

books [buks] **desks** [desks]

(2) 유성음으로 끝나는 단어 뒤에서는 원칙적으로 [-z]로 발음합니다.

cars [kɑːrz] **tables** [teiblz]

(3) [-s, -z, -sh, -ch]로 끝나는 단어 뒤에서는 [-iz]로 발음합니다.

classes [klæsiz] **roses** [rouziz] **dishes** [diʃz]
churches [tʃəːrtʃz] **boxes** [bɑksiz]

또한 **cats** [kæts], **friends** [frendz] 등의 복수형에서는 마지막음이 [-ts], [-dz]이지만 이것들은 각각 [츠], [즈]로 하나의 음처럼 발음합니다.

Point 3 불규칙 복수형

이 장에는 **man**(성인 남성)의 복수형으로 **men**이 나옵니다. 이 복수형은 **-s**를 붙이는 규칙에 벗어난 것입니다. 영어에서는 소수이지만 이와 같은 불규칙하게 복수형을 만드는 명사도 있으므로 이와 같은 복수형은 그때그때 외워두어야 합니다.

〈모음변화〉

man (남자) → **men**
woman (여자) → **women**
foot (발) → **feet**
tooth (이) → **teeth**

〈끝에 -en〉

child (어린이) → **children**
ox (황소) → **oxen**

〈단, 복수의 형태가 같은 것〉

deer (사슴) **sheep** (양) **fish** (물고기)

접속사 and로 연결된 복수

and는 단어와 단어, 구와 구, 문장과 문장 등을 연결하는 역할을 하는 말로 이와 같은 연결 역할을 하는 말을 '접속사' 라고 합니다. **and**는 번역하면 '~와(과) …', '그리고' 라는 우리말에 해당하지만 말과 말을 연결하는 경우에는 (+)기호와 같이 **A and B**는 **A + B**로 생각하면 됩니다. 따라서

A and B = A + B
Bill and Jane are my friends.
빌과 제인은 내 친구입니다.

라는 문장에서는 **Bill**도 **Jane**도 각각 단수이지만 둘이 모이면 복수가 되므로 '…입니다' 에 해당하는 말은 **are**라는 복수형이 오고 '내 친구' 라는 부분도 **my friends**라고 복수형이 됩니다.

A black dog and a white one are barking.
검정 개 한 마리와 흰 개 한 마리가 짖고 있다.

이때는 **and**로 연결했더라도 동일한 물건이나 사람을 나타내면 단수 취급합니다.

A black and white dog is barking.
얼룩 개 한 마리가 짖고 있다.

후자의 경우 관사가 하나이므로 검은색과 흰색이 들어간 얼룩 개 '한 마리' 로 보며, 전자의 경우 관사가 각각이므로 서로 다른 개 '두 마리' 로 봅니다.

they의 용법

they는 3인칭 복수 인칭대명사입니다. 즉, **he**, **she**, **it**의 복수형이므로 '우리들, 우리'에 해당하는 **we**, '당신들'에 해당하는 **you** 이외의 모든 복수 명사를 받는 대명사입니다. 따라서 사람만이 아니라 사물·동물도 나타내므로 우리말에서는 '그들', '그것들'로 번역할 수 있습니다.

they가 주어인 경우 '…입니다'는 **are**가 됩니다. 단수의 주어에 대해서는 **I am …**, **You are …**, **He is …**와 같이 '…입니다'라는 말이 각각 달랐지만 복수 주어에 대해서는 모두 **are**가 됩니다.

Bill and Jane are my friends.
빌과 제인은 내 친구입니다.

에서의 **Bill and Jane**은 2명이므로 대명사로 바꾸어 쓰면

They are my friends.
로 **they**를 사용합니다. 또한

Are these dictionaries yours?
이 사전들은 당신 것입니까?

에 대한 대답으로는

Yes, they are. They are mine.
그렇습니다. 내 것입니다.

와 같이 **these dictionaries** 대신에 **they**가 사용됩니다.

they는 인칭대명사로 한번 화제에 올랐던 것을 받는 것으로 사물이나 사람을 가리키는 말은 아닙니다. 예를 들면,

Who are they?
그들은 누구입니까?

에서의 **they**는 이미 화제에 올랐던 사람들을 받고 있는 것입니다. 이 문장에서는 **are**에 강세를 두는 것이 보통입니다. 경우에 따라서는 **they**에 강한 강세를 주어 말할 수도 있지만 그것은 **they**를 강조해서 말하고 있는 것뿐이고

역시 그 사람들을 가리키면서 말하는 것은 아닙니다. 저쪽에 있는 사람들을 가리켜서 '저 사람들은 누구입니까?' 라고 할 때에는

Who are those people? (people 「사람들」이라는 의미)

로 해야 합니다.

Point 6 we, you의 용법

we는 '우리들' 이라는 의미로 **1**인칭 복수 인칭대명사입니다. **1**인칭 단수 인칭대명사는 **I**이지만 '나' 라는 개인은 말하는 사람 쪽에서 말하면 세계에서 단 한명으로 **I**가 복수로 되는 것은 생각할 수 없습니다. 따라서 **we**의 의미는 주의가 필요합니다. 영어의 **we**는 우리말의 '우리들' 과 같은 의미라고 생각하면 좋습니다. 즉, 다음의 **2**가지의 경우 모두에 해당합니다.

(**1**) 상대방 즉, **you**에 대해서 나(즉, **I**와 자신의 친구)

(**2**) 상대방 즉, **you**도 포함해서 나(즉, **I** 또는 **I**와 친구)와 **you** 양쪽

어느 쪽인지는 그때의 상황, 말하는 사람의 기분이나 전후 관계에서 결정됩니다.

예를 들면 **Unit 4**에서

A : How are you this morning?
B : We are fine.

이라는 대화가 있는데 이 경우의 **we**는 **you**에 대해서 자신과 동행자 두 사람을 받고 있습니다. 그 외 이 **Part**에서 다루고 있는 **we**는 모두 이와 같은 **we**입니다. 그러나 다음과 같은 경우는 어떨까요?

A : Are you a senior high school student?
당신은 고등학생입니까?

B : Yes, I am. Are you a senior high school student?
그렇습니다. 당신은 고등학생입니까?

A : Yes, I am. We are both senior high school student.
예, 우리는 두 사람 모두 고등학생입니다. (both「두 사람 모두 …다」)

이 경우의 **we**는 명백히 상대방과 자신 양쪽을 나타냅니다.

복수 **2**인칭 인칭대명사인 **you**는 형태가 단수형과 같으므로 구별은 전후관계에서 판단할 수밖에 없습니다.

How are you this morning?

만으로는 **you**가 단수인지 복수인지 알 수 없지만 대답이

We are fine.

으로 되어 있으면 **you**가 복수라는 것을 알 수 있습니다. 또한

You are good girls.

에서는 **girls**가 복수이므로 **you**가 복수라는 것을 알 수 있습니다.

Point 7

our, your, their의 용법

our는 **we**의 소유격, **your**는 **you**의 소유격(단수·복수 동형), **their**는 **they**의 소유격입니다. '우리들의' 라는 부분이 복수라고 해서 뒤에 계속되는 명사가 항상 복수형인 것은 아닙니다. 여러 사람이 공유하는 것도 있기 때문입니다.

That's our school.
저것이 우리 학교예요.

라는 예를 보면 알 수 있습니다.

these, those의 용법

this의 복수형이 **these**, **that**의 복수형이 **those**입니다.

가까이 있는 것을 가리키는 것이 **these**, 상대방 가까이에 있는 것 '그것' 에

해당하는 경우와 멀리 있는 것 '저것(들)' 에 해당하는 경우에 사용되는 것이 those입니다.

These are my books.
이것(들)은 내 책입니다.

Those are my big brother's dictionaries.
저것(들)은 형의 사전입니다.

우리말 번역에서 '저것들', '이것들' 이라고 하면 아주 부자연스럽게 되므로 무리하게 '저것', '이것' 이라고 해도 좋지만 뉘앙스를 살리기 위해서는 '저것들', '이것들' 이라고 번역할 수도 있습니다. these, those는 this, that과 같이 형용사적으로도 이용됩니다.

What are those flowers?
그 꽃들은 무슨 꽃입니까?

Point 9 복수형 명사의 소유격

복수형의 소유격이라는 것은 '여성들의 구두' 또는 '남성들의 가방' 이라고 할 때에 사용되는 형태를 말합니다.

복수형의 소유격은 복수형이 -s로 끝나는 경우 발음상에는 아무 변화가 없습니다. 표기할 경우에만 -s 뒤에 어퍼스트로피(')를 붙이면 되는 것입니다.

girls' shoes [gəːrlz ʃuːz] 여성용 구두
boys' bags [bɔiz bægz] 남성용 가방

그러면 들을 때 어떻게 소유격이라는 것을 알 수 있을까요? [bɔiz] [gəːrlz]와 같은 복수형 발음 뒤에 또 하나의 명사가 연결되어 있으면 복수형의 소유격이 사용되고 있다는 것을 알 수 있습니다.

또한 men과 같은 불규칙한 복수형인 경우는

men's suits 남성용 양복

처럼 단수형 소유격과 같은 방법으로 소유격을 만들면 됩니다.

Point 10 ours, yours, theirs의 용법

뒤에 계속되는 명사를 생략한 '우리들의 것', '당신들의 것', '그들의 것' 이 ours, yours, theirs라는 복수 소유대명사입니다. 이들 소유대명사의 용법에 관해서는 단수 소유대명사 항에서 이미 설명한 것과 같고, 한번 화제에 오른 명사의 반복을 피하기 위해서 쓰입니다. 예를 들면

Are these new desks yours?
이 새 책상은 당신의 것입니까?

라는 문장은

Are these new desks your desks?

라고 할 수도 있겠지만 실제 영어로 이렇게 말하는 사람은 없습니다. 두 번째의 desks 대신에 반드시 yours를 사용합니다.

Is your classroom new, too?
당신들 교실도 새것입니까?

라는 질문에 대해서도

No, our classroom is old.

라고 대답하는 것보다는

No, it's old.

라고 it을 사용하든지

No, ours is very old.

라고 ours를 사용하는 것이 자연스럽습니다.

학원을 이기는

독학 영어 첫걸음

Part

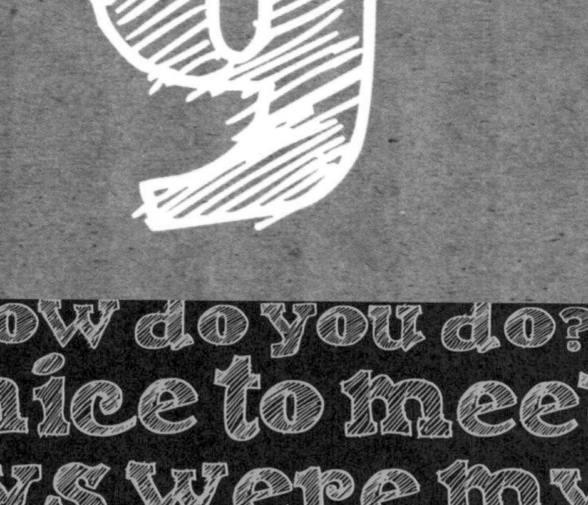

정관사 the와 대명사 one

Unit 01

학습일

명사가 쓰는 모자 정관사 the

The white dog is mine.

저 흰 개가 제 것입니다.

STEP 1 여러 번 듣고 소리내어 반복해서 읽어보세요.

A **Are those two dogs yours?**
알 도즈 투 독스 유얼즈

B **No. The white dog is mine.**
노우. 더 화잇 독 이즈 마인

The black dog is Mr. White's.
더 블랙 독 이즈 미스터 화잇츠

A **Is your dog old or young?**
이즈 유얼 독 오울드 오어 영

B **He's very old. The black dog is old, too.**
히즈 베리 오울드. 더 블랙 독 이즈 오울드, 투

A **Are they friends?**
알 데이 프랜즈

B **Yes, they're very good friends.**
예스, 데이어 베리 굿 프랜즈

A 저 두 마리의 개는 당신 것입니까?
B 아니요, 저 흰 개가 제 것입니다.
검은 개는 화이트 씨의 개입니다.
A 당신 개는 어미 개입니까, 아니면 어린 개입니까?
B 어미 개입니다. 검은 개도 어미 개입니다.
A 두 마리는 사이가 좋습니까?
B 예, 그들은 사이가 아주 좋습니다.

the [ðə] 정관사 **white** [*h*wait] 흰 **black** [blæk] 검은

STEP 2 이것만은 꼭 알아두세요.

Are those two dogs yours?

> two는 2이고 수를 나타내는 말은 모두 이처럼 형용사로 쓰일 수 있습니다.

> those는 형용사가 붙은 명사에서는 형용사 앞에 놓입니다. 이것은 this, that, these 에서도 마찬가지입니다.

The white dog is mine. / The black dog is Mr. White's.

> the는 정관사라 하고 앞에서 배운 a, an은 부정관사라 부릅니다. 부정관사가 단수이고 불특정한 것에 붙는데 비해 정관사 the는 한번 화제에 올랐거나 화제에 오르지는 않았어도 이미 그것이라는 것을 알 수 있는 경우(특정하게 결정된 것)에 수에 관계없이 (단수, 복수에나) 붙습니다. 그러므로 의미는 '그' 라는 느낌이지만 우리말로는 표현하지 않는 경우가 많습니다. 여기서는 앞 문장에 있는 두 마리 개 각각에 관해 이야기하고 있으므로 the가 붙는 것입니다.

They're very good friends.

> '서로 사이가 좋다', '사이가 아주 좋다' 라는 의미입니다.

STEP 3 실전 말하기 훈련

보기와 같이 정관사 the를 사용하여 영어를 만들어 봅시다.

보기		
This is a book. **That is a notebook.**	→	The book is mine. The notebook is yours.

1. This is a pen.
That is a pencil.

2. This is a watch.
That is a clock.

3. This is a dictionary.
That is a magazine.

학습일

두 문장의 연결고리 and

This is an umbrella and that is a raincoat. 이것은 우산이고 저것은 우의입니다.

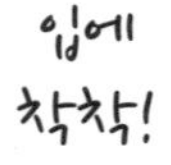

STEP 1 여러 번 듣고 소리내어 반복해서 읽어보세요.

A **This is an umbrella and that is a raincoat.**
디스 이즈 언 엄브랠러 앤 댓 이즈 어 레인코우트

B **The umbrella is mine and the raincoat is yours.**
디 엄브랠러 이즈 마인 앤 더 레인코우트 이즈 유얼즈

A **Are you sure?**
알 유 슈어

B **Oh, I'm sorry. The umbrella is yours, too.**
오우, 아임 쏘리. 디 엄브렐러 이즈 유얼즈, 투

A 이것은 우산이고 저것은 우의입니다.

B 우산은 내 것이고 우의는 당신 것입니다.

A 정말입니까?

B 아, 죄송합니다. 우산도 당신 것입니다.

umbrella [ʌmbrélə] 우산 **and** [ænd] 그리고 **raincoat** [réinkòut] 우의 **sure** [ʃuər] 확실한
I'm sorry 미안합니다

STEP 2 이것만은 꼭 알아두세요.

This is an umbrella and that is a raincoat.

> **and**는 문장과 문장을 연결하는 접속사로 쓰일 수 있습니다(말과 말을 연결하는 접속사에 관해서는 Part 8 - unit 1 참조). 문장이란 대부분 '…은' 이라는 주어(주부)와 '…입니다' 라는 술어(술부)로 구성되어 있는 것을 말합니다.

This is an umbrella와 **That is a raincoat.**는 각각 독립된 문장입니다. 문장과 문장이 **and**로 연결되어 있는 것을 중문이라고 하고, 하나의 주어와 하나의 술어를 가진 문장을 단문이라고 합니다.

The umbrella is mine and the raincoat is yours.

> **the**가 붙어 있는 것은 앞 문장에서 화제로 올랐던 것을 받고 있기 때문입니다.

> **umbrella**와 같이 모음으로 시작되는 말 앞에서 **the**는 [ði]로 발음됩니다.

> **mine**은 **my umbrella**, **yours**는 **your raincoat**를 의미합니다.

Are you sure?

> '정말입니까? 확실합니까?'

I'm sorry.

> '죄송합니다, 미안합니다'. 회화에서 자주 쓰이며 자신의 실수를 사과할 때의 표현입니다.

STEP 3 실전 말하기 훈련

보기와 같이 두 개의 문장을 and로 연결해 봅시다.

| 보기 |

This is a book.
That is a magazine. → This is a book and that is a magazine.

1. You are an American.
I'm a Korean.

2. He is a teacher.
She is a student.

3. They are free.
We are free, too.

Unit 03

학습일

명사를 대신하는 대명사 one

That one is really nice.

저것은 정말 멋지군요.

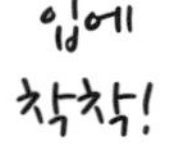

STEP 1 여러 번 듣고 소리내어 반복해서 읽어보세요.

A **Are those men's shirts?**
알 도즈 맨즈 셔츠

B **Yes, they are.**
예스, 데이 알

A **That one is really nice.**
댓 원 이즈 리얼리 나이스

B **This one, sir?**
디스 원, 썰

A **Yes. Is it expensive?**
예스. 이즈 잇 익스펜씨브

B **No, sir. It's only ten dollars.**
노우, 썰. 잇츠 오운리 텐 달러즈

A **O.K. Here you are.**
오우케이. 히어 유 알

B **Thank you.**
땡큐

A 저것들은 남성용 셔츠입니까?
B 예, 그렇습니다.
A 저것은 정말 멋지군요.
B 이것 말입니까?
A 예. 그것은 비싼가요?
B 아뇨, 단 10달러입니다.
A 좋습니다. 돈 여기 있습니다.
B 감사합니다.

shirt [ʃəːrt] 셔츠 **one** [wʌn] 것 **nice** [nais] 멋진, 좋은 **sir** [səːr] 손님〈남성을 정중히 부르는 말〉 **expensive** [ikspénsiv] 비싼 **only** [óunli] 단, 단지 …에 지나지 않는다 **dollar** [dálər] 달러 **O.K.** [òukei] 좋다 **Here you are** 여기 있어요〈물건이나 돈을 건네줄 때 하는 말〉

STEP 2 이것만은 꼭 알아두세요.

That one is really nice.

> one은 앞 문장에서 나온 shirts(shirt의 복수형)를 나타냅니다. 이와 같이 one은 화제에 올랐던 특정한 것을 받는 it과는 달리, 같은 종류의 불특정한 것을 나타내는 대명사입니다. 위 문장의 경우는 that one으로 되어 있으므로 '저기에 있는 저 셔츠'라는 의미입니다.

> really는 '정말로, 참말로'라는 의미이지만 때때로 형용사의 의미를 강조하는 데도 쓰입니다.

This one, sir?

> one은 전항의 경우와 같이 shirt 대신에 쓰여서 '이 셔츠'라는 의미입니다.

> sir는 손윗 남성을 부르는 정중한 말로 점원이 남자 손님을 보통 이렇게 부릅니다.

Here you are.

> 물건을 건네주거나 돈을 내줄 때 하는 말로 '자, 여기 있어요'라는 의미입니다. 이것은 관용적으로 쓰이는 말이므로 분석하려 하지 말고 그대로 암기해버립시다. 같은 표현으로 Here you go. / Here we go. / Here it is.가 있습니다.

STEP 3 실전 말하기 훈련

주어진 조건에 맞게 〈문형연습〉을 해봅시다.

That one is really nice.

1. really nice?
2. Yes
3. expensive?
4. No

대명사 one에 형용사가 붙을 때

That white one is mine.

저 흰 것이 내 것입니다.

STEP 1 여러 번 듣고 소리내어 반복해서 읽어보세요.

A **This is a parking lot.**
디스 이즈 어 파킹 랏

B **Is that your car?**
이즈 댓 유얼 카

A **The green one? No. The next one is mine.**
더 그린 원? 노우. 더 넥스트 원 이즈 마인

B **The red one?**
더 레드 원

A **No. That white one is mine.**
노우. 댓 화잇 원 이즈 마인

A 이곳이 주차장입니다.
B 저것이 당신 차입니까?
A 녹색 차 말입니까? 아뇨. 그 옆의 것이 내 차입니다.
B 빨간 색입니까?
A 아뇨, 저 흰 것이 내 것입니다.

parking lot [pá:rkiŋ lɑt] 주차장 **green** [gri:n] 녹색의 **next** [nekst] 다음의, 옆의 **red** [red] 빨간

STEP 2 이것만은 꼭 알아두세요.

This is the parking lot.

> 정관사 the가 붙어 있으므로 상대방도 이미 알고 있는 주차장입니다.
주차장은 parking place, parking zone, car park 등으로 나타낼 수 있습니다.

The green one?

> **one**에 형용사가 붙어 '…인 것' 이라는 의미로 쓰였습니다. 또한 **the**를 붙인 것은 화제가 되어 있는 특정한 것을 나타내기 때문입니다. 관사는 형용사 앞에 놓입니다.

> 주어·술어를 갖춘 문장으로 되어 있지 않지만 회화에서는 이렇게 흔히 쓰입니다.

> 말끝을 올려서 말합니다.

That white one is mine.

> one에 형용사가 붙어 있습니다. 또한 this, that은 형용사보다 앞에 놓입니다.

> the gréen one, the réd one처럼 one에는 강한 강세가 없습니다.

STEP 3 실전 말하기 훈련

주어진 조건에 맞게 〈문형연습〉을 해봅시다.

The next one is mine.

1. yours?
2. Yes
3. mine?
4. No
5. Whose car?
6. mine

Unit 05

학습일  

what이 형용사적으로 쓰일 때

What book is that?

저것은 무슨 책입니까?

STEP 1 여러 번 듣고 소리내어 반복해서 읽어보세요.

A **Is this a textbook?**
이즈 디스 어 텍스트북

B **No, it's not. It's a dictionary.**
노우, 잇츠 낫. 잇츠 어 딕셔너리

A **What book is that?**
왓 북 이즈 댓

B **That's a dictionary, too.**
댓츠 어 딕셔너리, 투

It's my English-Korean dictionary.
잇츠 마이 잉글리쉬 코리언 딕셔너리

A **What book is this?**
왓 북 이즈 디스

B **This is my Korean-English dictionary.**
디스 이즈 마이 코리언 잉글리쉬 딕셔너리

A 이것은 교과서입니까?
B 아니요, 사전입니다.
A 저것은 무슨 책입니까?
B 저것도 사전입니다.
내 영한사전입니다.
A 이것은 무슨 책입니까?
B 이것은 내 한영사전입니다.

textbook [tékstbùk] 교과서 **English-Korean dictionary** 영한사전 **Korean-English dictionary** 한영사전

STEP 2 이것만은 꼭 알아두세요.

What book is that?

> what book은 '무슨 책, 어떤 책' 이라는 의미입니다. 즉, 책의 이름, 소유자, 책의 용도 등 책에 관한 구체적인 정보를 묻고 있는 것입니다.

What book is this?
This is my Korean-English dictionary.

> 대답이 It is ….가 아닌 것은 대답할 때에 실제 화제로 되어 있는 것을 가리켜서 말하는 경우에는 이런 어법으로 하기 때문입니다.

STEP 3 실전 말하기 훈련

주어진 조건에 맞게 〈문형연습〉을 해봅시다.

It's my English-Korean dictionary.

1. your English-Korean dictionary?
2. Yes
3. his English-Korean dictionary?
4. No
5. What book?
6. my English-Korean dictionary

정관사 the

the는 정관사라고 합니다. 발음은 자음으로 시작되는 말 앞에서는 [ðə]가 되고 모음으로 시작되는 말 앞에서는 [ði]가 됩니다. 모두 악센트 없이 약하게 발음합니다. 그런데 정관사만을 취해서 발음하거나 정관사를 강조할 때에는 [ði]라고 악센트를 주고 길게 발음합니다.

(예) **the book** [ðə buk]　　　　**the apple** [ði ǽpl]

관사 중 a, an은 부정관사라고 합니다. 부정관사가 단수 그리고 불특정한 것에 붙는데 비해서 정관사는 한번 화제에 오른 사람 또는 화제에 오르지는 않았어도 이미 그것이라고 알고 있을 듯한 특정한 것에 붙입니다. 정관사는 수에 관계없이 단수·복수에 붙습니다. 이처럼 관사는 영어에서는 매우 중요한 역할을 합니다. 예를 들면

This is a radio.

라고 부정관사가 붙어 있으면 '이것이 라디오입니다.' 라고 상대방에게 설명하는 느낌으로 상대방이 그 물건이 라디오인지 모를 때 하는 말입니다.
그런데

This is the radio.

라고 하면 '이것이 그 라디오입니다.' 라는 의미로 여기에 나온 라디오는 앞에서 이미 화제에 올랐던 라디오가 되는 것입니다. 즉, 이 말은 불쑥 말한 것은 아니고 이 말이 말해지기 전에 예를 들자면 '나는 라디오를 샀다.' '나는 매우 낡은 라디오를 가지고 있다.' 처럼 라디오에 관해 화제가 되어 있고 그 뒤에 '이것이 그 라디오입니다.' 라고 하고 있는 것입니다.

A : This is an umbrella and that is a raincoat.
이것은 우산이고 저것은 우의입니다.

B : The umbrella is mine and the raincoat is yours.
우산은 내 것이고 비옷은 당신 것입니다.

이 경우도 B가 the umbrella, the raincoat라고 the를 붙이고 있는 이유는 A가 말한 an umbrella, a raincoat에 관해 말하고 있기 때문입니다.

이와 같이 정관사 **the**가 붙어 있다는 것은 보통 그 명사가 이미 화제로 되어 있고 상대방도 알고 있다는 것을 의미합니다. 그러므로 정관사는 그 명사가 처음으로 나오지 않았다는 것을 나타내는 기호라고 알아둡시다.

the는 우리말로 구태여 번역하면 '그'가 되지만 지시사와 같이 지시를 나타내는 강한 의미는 없으므로 우리말로는 나타내지 않는 경우도 있습니다.

그런데 정관사가 화제에 오르지 않았던 명사에 붙는 경우도 있습니다. 이와 같은 용법에 관해서는 나중에 상세히 배우게 되지만 가장 일반적인 경우는 화제에는 오르지 않았어도 상대방이 특정한 것이라는 것을 확연히 알 수 있는 명사에 붙는 경우입니다. 예를 들면 '문을 닫아 주세요.' 라고 하는 경우 만일 그 방에 문이 하나밖에 없다고 하면 어느 문이라는 것을 곧 알 수 있으므로 이런 경우에는 화제에는 오르지 않았어도 **the door**라는 정관사가 붙습니다. 또한 '이 편지를 쓴 사람' 에서의 '사람' 처럼 명사를 특정한 것에 한정시키는 수식어가 붙어 있을 때에도 **the**가 붙습니다.

그 외에 최상급 형용사나 서수 앞에도 정관사 **the**를 붙입니다.

the tallest boy 가장 키가 큰 소년
the second floor 2층에

Point 2 문장과 문장을 연결하는 접속사 and

and가 단어와 단어를 연결하는 접속사로서 사용되고 있는 경우에 관해서는 이미 배웠고, 이 **Part**에서는 **and**가 문과 문을 연결하는 역할을 하는 것을 새로 배웠습니다.

This is an umbrella and that is a raincoat.
이것은 우산이고, 저것은 비옷입니다.

위 영문 속의 **This is an umbrella.**와 **That is a raincoat.**는 각각 독립해서 완성된 문장이 될 수 있지만 여기에서는 **and**로 연결되어 긴 문장이 되어 있습니다. **and**는 이와 같이 문장과 문장을 연결해서 긴 문장을 만드는 역할을 합니다. 말하자면 열차나 전차의 연결기와 같은 역할입니다. 이와 같이 **and**

로 연결된 문장을 중문이라고 부릅니다. 문장과 문장이 연결되어 하나의 긴 문장이라는 것을 나타내는 이름입니다. 중문에 대해 **This is an umbrella.** 와 같이 하나의 주어와 하나의 술어로 구성된 단순한 문장을 단문이라고 부릅니다.

and를 사용해서

This is a book and that is a pen and that is a dictionary and ....

라고 길게 하는 것은 좀 어색합니다.

중문을 사용할 필요가 있을 때도 있지만 쓸데없이 **and**로 문장을 길게 할 필요는 없습니다.

Point 3 명사를 대신하는 대명사 one

대명사로 쓰이는 **one**의 어원(말의 기원)은 **one, two, three** …라는 수사 **one**과 같지만 용법이나 의미는 전혀 다릅니다.

one은 특정한 사람이나 물건을 가리키는 것이 아니라 같은 종류의 것 중에서 불특정한 하나를 나타내는 대명사입니다. 이것을 부정대명사라고 하며 불특정한 것을 받는다는 점에서 특정한 것을 받는 **it**과 다릅니다. 바로 뒤에 명사가 올 때도 많은데 그때는 형용사로 쓰이는 셈입니다.

예를 들면 셔츠를 화제로 해서

Is this your shirt?
이것이 당신 셔츠입니까?

Yes, it is. It's mine.
예, 제 것입니다.

라는 대화와

Is this your shirt?

이것이 당신 셔츠입니까?

No, it isn't. This one is mine.

아닙니다. 이것이 제 것입니다.

이라는 대화를 비교해서 생각해 봅시다. 처음 대화에서 **it**이라고 하고 있는 것은 '**this**' 라는 말로 가리키고 있는 특정한 것을 의미하고 있지만 두 번째 대화에서 **this one**의 **one**은 단순히 **shirt**(셔츠)라는 명사 대신에 사용되고 있는 것에 지나지 않습니다. **this**가 붙어 있어서 **this one**은 특정한 셔츠가 되지만, **one**은 단순히 셔츠만을 가리키는 것입니다. 그러면 왜 영어에서는 **one**이라는 대명사를 사용하는 것일까요? 이것은 인칭대명사 항에서도 설명한 적이 있지만 영어에서는 같은 명사의 반복을 피하는 습관이 있는 것이 **one**이 사용되는 이유입니다. 특정한 것을 나타내는 명사의 반복은 인칭대명사를 사용하고 불특정한 명사의 반복은 **one**을 사용하는 것입니다.

one에는 때때로 형용사가 붙는다

Is that your car?

저것은 당신 차입니까?

The green one? No. That white one is mine.

녹색말입니까? 아닙니다. 저 흰 것이 제 것입니다.

이 대화에서는 형용사, 정관사, **that** 등의 말이 **one**을 수식하기 위해 쓰이고 있습니다. 형용사 뒤의 **one**은 비교나 대조를 할 때 많이 사용하며, 이때 **one**은 '단수명사' 를 나타내고 **ones**는 '복수명사' 를 나타낸다. **one**을 사용해서 한번 쓰인 **car**의 반복사용을 피하는 것입니다. **one**은 [wʌn]이라고 악센트를 두지 않고 가볍게 발음하는 것이 중요합니다.

These bananas are too expensive.

이 바나나들은 너무 비싸요.

Do you have the cheaper ones?

이보다 더 싼 것이 있어요? (ones = bananas)

what의 형용사적 용법

what이 '무슨 …, 어떤 …' 처럼 다음에 명사를 수반해서 형용사적으로 쓰이는 경우가 있습니다.

What book is that?
저것은 무슨 책입니까?

That's my Korean-English dictionary.
저것은 내 한영사전입니다.

위의 첫 번째 문장에서 what은 book을 수식해서 '무슨 책, 어떤 책' 이라는 어법으로 쓰였습니다.

이 용법에 관해 주의할 것은 what book과 같은 어법은 그 책의 용도나 그 책에 관한 사정 즉, 어떤 내력이 있는 책이라는 등을 묻는 어법이고 반드시 종류를 묻는 것은 아니라는 것입니다. 그래서 '교과서인지, 만화책인지, 수학책인지' 등 책의 종류를 물을 때는

What kind of book is that?

이라고 해야 합니다. kind는 '종류' 라는 의미인데, 이 어법은 아직 배우지 않은 사항이므로 참고로만 알아둡시다.

Part

숫자·요일·날짜 표현

Unit 01

학습일  

21부터 100까지 기수 세기

twenty-one, twenty-two

21, 22

STEP 1 여러 번 듣고 소리내어 반복해서 읽어보세요.

twenty-one, twenty-two, twenty-three,

트웬티 원, 트웬티 투, 트웬티 쓰리

thirty, forty, fifty,

써티, 풔티, 핍티

sixty, seventy, eighty, ninety,

식스티, 세븐티, 에잇티, 나인티

one hundred

원 헌드레드

21, 22, 23,

30, 40, 50,

60, 70, 80, 90,

100

twenty-one [twéntiwʌ́n] 21(의) **twenty-two** [twéntitú] 22 **twenty-three** [twénti θriː] 23 **thirty** [θə́ːrti] 30 **forty** [fɔ́ːrti] 40 **fifty** [fífti] 50 **sixty** [síksti] 60 **seventy** [sévənti] 70 **eighty** [éiti] 80 **ninety** [náinti] 90 **one hundred** [wʌn hʌ́ndrəd] 100

STEP 2 이것만은 꼭 알아두세요.

twenty-one, twenty-two, twenty-three

> 21부터 29까지는 이와 같이 twenty 뒤에 one, two, three …라고 1부터 9까지의 수를 붙이면 됩니다. 표기할 경우에는 하이픈(-)을 사이에 넣습니다.
twenty-one과 같은 수는 twenty-one처럼 양쪽에 강한 강세가 있는 것이 보통이지만, 계속해서 셀 때는 뒤쪽으로 강세가 이동할 수도 있습니다.
수는 항상 강한 강세로 발음됩니다.
(예) twó hats

thirty, forty, fifty, sixty, seventy, eighty, ninety

> 30부터 90까지는 수가 모두 -ty로 끝납니다. 31은 thirty-one, 32는 thirty-two, 33은 thirty-three로 21, 22, 23과 같이 thirty 뒤에 one부터 nine까지의 수를 붙입니다. 41 이상도 같은 방법으로 수의 뒤에 1부터 9까지의 수를 붙입니다. 표기할 때는 사이에 하이픈을 붙이는 것도 동일합니다.

one hundred

> a hundred라고도 합니다.

STEP 3 실전 말하기 훈련

다음의 숫자를 영어로 말해봅시다.

1. 80, 50, 70, 20, 60, 90, 30, 10, 40, 100

2. 24, 38, 61, 76, 57, 95, 44, 89, 99, 33

Unit 02

학습일  

1부터 50까지 서수 세기

first, second

제1(의), 제2(의)

STEP 1 여러 번 듣고 소리내어 반복해서 읽어보세요.

first, second, third, fourth, fifth, sixth,
퍼스트, 세컨드, 써드, 풔쓰, 핍쓰, 식스쓰

seventh, eighth, ninth, tenth, eleventh, twelfth,
세븐쓰, 에잇쓰, 나인쓰, 텐쓰, 일레븐쓰, 트웰프쓰

thirteenth, fourteenth, fifteenth, sixteenth,
써틴쓰, 풔틴쓰, 핍틴쓰, 식스틴쓰

seventeenth, eighteenth, nineteenth,
세븐틴쓰, 에잇틴쓰, 나인틴쓰

twentieth, twenty-first, twenty-second, twenty-third,
트웬티쓰, 트웬티 풔스트, 트웬티 세컨드, 트웬티 써드

thirtieth, fortieth, fiftieth
써티쓰, 풔티쓰, 핍티쓰

제1(의), 제2(의), 제3(의), 제4(의), 제5(의), 제6(의),
제7(의), 제8(의), 제9(의), 제10(의), 제11(의), 제12(의),
제13(의), 제14(의), 제15(의), 제16(의),
제17(의), 제18(의), 제19(의),
제20(의), 제21(의), 제22(의), 제23(의),
제30(의), 제40(의), 제50(의)

number [nʌ́mbəːr] 수, 숫자; 번호

STEP 2 이것만은 꼭 알아두세요.

first [fəːrst] 제1(의) **second** [sékənd] 제2(의) **third** [θəːrd] 제3(의)
fourth [fɔːrθ] 제4(의) **fifth** [fifθ] 제5(의) **sixth** [siksθ] 제6(의)
seventh [sévənθ] 제7(의) **eighth** [eitθ] 제8(의) **ninth** [nainθ] 제9(의)
tenth [tenθ] 제10(의) **eleventh** [ilévənθ] 제11(의) **twelfth** [twelfθ] 제12(의)
thirteenth [θə̀ːrtíːnθ] 제13(의) **fourteenth** [fɔ́ːrtíːnθ] 제14(의)
fifteenth [fíftíːnθ] 제15(의) **sixteenth** [síkstíːnθ] 제16(의)
seventeenth [sévəntíːnθ] 제17(의) **eighteenth** [éitíːnθ] 제18(의)
nineteenth [náintíːnθ] 제19(의) **twentieth** [twéntiiθ] 제20(의)
twenty-first [twént-fəːrst] 제21(의) **twenty-second** [twént-sékənd] 제22(의)
twenty-third [twént-θəːrd] 제23(의) **thirtieth** [θə́ːrtiiθ] 제30(의)
fortieth [fɔ́ːrtiiθ] 제40(의) **fiftieth** [fíftiiθ] 제50(의)

> 서수는 **the first (lesson), the second (lesson)**처럼 정관사 **the**를 붙여서 말합니다.
> 아라비아 숫자를 사용하는 경우
1st, 2nd, 3rd, 4th와 같이 제**1**부터 제**3**까지는 **-st, -nd, -rd**를 붙이고 제**4**부터는 **-th**를 아라비아 숫자 뒤에 붙입니다.

STEP 3 실전 말하기 훈련

다음의 서수를 영어로 말해 봅시다.

1. 제8 제6 제9 제7 제3 제1 제2 제5 제4 제10

2. 제14 제11 제12 제17 제19 제18
제13 제20 제15 제16

3. 제23 제32 제41 제21 제47 제35 제29

Unit 03

학습일  

요일 묻고 답하기

Is today Tuesday?

오늘이 화요일입니까?

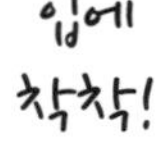

STEP 1 여러 번 듣고 소리내어 반복해서 읽어보세요.

A **Is today Tuesday?**
이즈 투데이 튜즈데이

B **No, it isn't.**
노우, 잇 이즌트

A **What day is it, then?**
왓 데이 이즈 잇, 댄

B **It's Wednesday.**
잇츠 웬즈데이

A **Is it really Wednesday today?**
이즈 잇 리얼리 웬즈데이 투데이

B **Yes. Tomorrow is Thursday.**
예스. 터모로우 이즈 썰스데이

A 오늘이 화요일입니까?
B 아니요. 그렇지 않습니다.
A 그러면 무슨 요일입니까?
B 수요일입니다.
A 오늘이 정말 수요일입니까?
B 네. 내일은 목요일입니다.

Tuesday [tjú:zdei] 화요일 **Wednesday** [wénzdei] 수요일 **tomorrow** [təmɔ́:rou] 내일

STEP 2 이것만은 꼭 알아두세요.

Is today Tuesday?

> '오늘은 화요일입니까?' 의 뜻으로 it을 이용해서 Is it Tuesday today?라고 물을 수 도 있습니다.

What day is it, then?

> then 대신에 today를 붙이면 '오늘은 무슨 요일입니까?' 라는 질문이 됩니다. 이 it은 특별히 받는 것은 없고 막연히 날짜나 시간을 나타내는 말입니다.

> '오늘은 무슨 요일이죠?' 라고 묻는 표현입니다.

- **What day is it today?**
- **What day is today?**
- **What's today?** (날짜를 묻는 데도 쓴다.)
- **What day of the week is it today?** (week = 주)

> 서양은 생활이 요일 중심이므로 **What day of the week?**이라고 하지 않고 **what day**만으로 요일의 의미를 갖습니다. 또한 날짜와 요일을 함께 쓸 때는 **Monday, June 10**(6월 10일 월요일)과 같이 보통 요일을 날짜보다 앞에 놓습니다.

It's Wednesday.

> 대답은 보통 **today**를 넣어서 **It's … today**라고 하든지 **Today is …**라고 합니다.

STEP 3 실전 말하기 훈련

주어진 조건에 맞게 〈문형연습〉을 해봅시다.

It's Wednesday today.

1. Wednesday?
2. Yes
3. Tuesday?
4. No
5. What day?
6. Wednesday

학습일

날짜 묻고 답하기

What's the date?

며칠입니까?

STEP 1 여러 번 듣고 소리내어 반복해서 읽어보세요.

A **What day is it today?**
왓 데이 이즈 잇 투데이

B **It's Thursday.**
잇쓰 썰스데이

A **What's the date?**
왓츠 더 데잇

B **It's June 30.**
잇츠 쥰 써티

A **What's tomorrow's date?**
왓츠 터머로우즈 데잇

B **It's July 1.**
잇츠 줄라이 풔슷

A 오늘은 무슨 요일입니까?
B 목요일입니다.
A 며칠입니까?
B 6월 30일입니다.
A 내일은 며칠입니까?
B 7월 1일입니다.

date [deit] 날짜 **June** [dʒu:n] 6월 **July** [dʒu:lái] 7월

STEP 2 이것만은 꼭 알아두세요.

What's the date?

- 날짜를 묻는 표현으로 **today**를 붙여서 **What's today's date?**라고도 하지만 여기에서는 그 앞의 문장에서 **today**라고 했으므로 생략한 것입니다.
- **What date is it today? / What day of the month is it today?**라고도 물을 수 있습니다. (month = 월)
- **of the month**를 붙이면 '날짜'를 **of the week**을 붙이면 '요일'을 묻는 게 됩니다. 또한 **What day is today?**라는 물음에는 날짜와 요일을 함께 대답해도 되며 **What day is today?**가 **What day is it today?** 보다 많이 쓰입니다.

It's June 30.

- 이것은 날짜를 물었을 때의 대답으로 **Today is June 30.**라고도 합니다.
- **June 30**은 [dʒuːn θə́ːrtiiθ]라고 읽으며 표기할 때는 넣지 않지만 읽을 때는 **the**는 넣어도 좋고 넣지 않아도 좋습니다. 일반적으로 날짜를 말할 때에는 서수를 사용합니다.

What's tomorrow's date?

- 내일 날짜를 묻는 말로 **tomorrow's**는 **tomorrow**의 소유격이고 '내일의' 라는 의미로 **today, tomorrow**는 '…의' 라고 할 때에는 소유격으로 합니다.

월 이름

January (1월)	**February** (2월)	**March** (3월)	**April** (4월)
May (5월)	**June** (6월)	**July** (7월)	**August** (8월)
September (9월)	**October** (10월)	**November** (11월)	**December** (12월)

입으로
솰라솰라!

STEP 3 실전 말하기 훈련

주어진 조건에 맞게 〈문형연습〉을 해봅시다.

The date is June 30.

1. June 30?
2. Yes
3. June 29?
4. No
5. What?
6. June 30

Point 1 영어의 기수

1, 2, 3, 4, 5 …라고 사물을 셀 때 사용하는 수를 기수라고 합니다. 영어의 기수 중 1부터 20까지는 앞에서 배운 것이지만(Part 2 - Unit 2, Part 6 - Unit 1 참조) 다시 한번 복습해 봅시다.

1 **one** [wʌn] 2 **two** [tuː]

3 **three** [θriː] 4 **four** [fɔːr]

5 **five** [faiv] 6 **six** [siks]

7 **seven** [sévən] 8 **eight** [eit]

9 **nine** [nain] 10 **ten** [ten]

11 **eleven** [ilévən] 12 **twelve** [twelv]

13 **thirteen** [θə̀ːrtíːn] 14 **fourteen** [fɔ́ːrtíːn]

15 **fifteen** [fíftíːn] 16 **sixteen** [síkstíːn]

17 **seventeen** [sévəntíːn] 18 **eighteen** [éitíːn]

19 **nineteen** [náintíːn] 20 **twenty** [twénti]

영어의 기수는 1부터 12까지가 특별한 형태로 되어 있고 13부터 19까지는 3부터 9까지의 수에 -teen을 붙입니다. 그리고 20은 twenty로 -ty를 붙입니다. 10대의 수는 보통 -teen 쪽에 강한 강세가 있습니다.

그리고 21 이상은 예를 들면 20, 30처럼 10단위 수에 1부터 9까지의 수를 첨가해서 만듭니다. 21부터 29까지의 20대 수는

21 **twenty-one** [twénti-wʌn] 22 **twenty-two** [twénti-tu;]

23 **twenty-three** [twénti-θriː] 24 **twenty-four** [twénti-fɔːr]

25 **twenty-five** [twénti-faiv] 26 **twenty-six** [twénti-siks]

27 **twenty-seven** [twénti-sévən] 28 **twenty-eight** [twénti-eit]

29 **twenty-nine** [twénti-nain]

으로 됩니다. 표기할 때에는 10단위의 수와 1단위의 수 사이에 하이픈(-)을 넣습니다. 발음할 때에는 10단위의 수와 1단위의 수 양쪽에 강한 강세를 두고 말하는 것이 보통입니다. 연속해서 셀 때는 **twénty-óne, twénty-twó twénty-thrée**처럼 1단위의 수 쪽을 강조해서 말하는 경우도 있고,

It's not twénty-one. It's thírty-one.

과 같은 경우에는 당연히 **twenty**와 **thirty**에 강세를 둡니다. 수는 일반적으로 확실하게 말해야 하므로 항상 강한 강세가 있다는 것을 알아둡시다.

30, 40 등의 수는 다음과 같습니다.

30 **thirty** [θə́ːrti] 40 **forty** [fɔ́ːrti] 50 **fifty** [fífti]

60 **sixty** [síksti] 70 **seventy** [sévənti] 80 **eighty** [éiti]

90 **ninety** [náinti]

이들 수는 모두 -ty로 끝나고 있습니다. forty는 4가 four이므로 fourty라고 하기 쉬우므로 주의해야 합니다. 31, 32 또는 41, 42 등의 수는 21부터 29까지의 수와 같이 1부터 9까지의 수를 뒤에 첨가해서 말합니다. 표기할 때에는 thirty-one처럼 사이에 하이픈을 넣으며 발음할 때에는 원칙적으로 [θə́ːrti-wʌn]처럼 10단위나 1단위 양쪽에 같은 강세를 두고 말합니다.

100은 one hundred(또는 a hundred라고도 합니다.)입니다. 이 이상의 수는 나중에 배우게 되는데 예를 들면 101은

101은 **one hundred (and) one**

110은 **one hundred (and) ten**

121은 **one hundred (and) twenty-one**

처럼 one hundred에 1부터 99까지의 수를 보충해서 말하면 되므로 특별히 어려울 것은 없습니다. 200은 two hundred, 300은 three hundred, 400은 four hundred가 됩니다.

천은 one thousand, 만은 ten thousand, 십만은 one hundred

thousand, 일백만은 one million, 십억은 one billion, 일조는 one trillion으로 나타냅니다.

Point 2 영어의 서수

'제1의', '제2의', '제3의' …라고 순서를 나타내는 수를 서수라고 합니다. '제1의' 부터 '제20의' 까지는 다음과 같습니다.

1st **first** [fə:rst]	2nd **second** [sékənd]
3rd **third** [θə:rd]	4th **fourth** [fɔ:rθ]
5th **fifth** [fifθ]	6th **sixth** [siksθ]
7th **seventh** [sévənθ]	8th **eighth** [eitθ]
9th **ninth** [nainθ]	10th **tenth** [tenθ]
11th **eleventh** [ilévənθ]	12th **twelfth** [twelfθ]
13th **thirteenth** [θə̀:rtí:nθ]	14th **fourteenth** [fɔ́:rtí:nθ]
15th **fifteenth** [fíftí:nθ]	16th **sixteenth** [síkstí:nθ]
17th **seventeenth** [sévəntí:nθ]	18th **eighteenth** [éití:nθ]
19th **nineteenth** [náintí:nθ]	20th **twentieth** [twéntiiθ]

first, second, third …는 one, two, three …라는 기수와는 전혀 다르므로 주의합시다. fourth부터 twentieth까지는 원칙적으로 기수의 어미에 -th [θ]를 첨가해서 만드는데 fifth, eighth, ninth, twelfth, twentieth는 스펠링에 주의가 필요합니다. twentieth의 발음은 [twénti-]에 [-iθ]가 붙은 형태가 되므로 주의해야 합니다.

아라비아 숫자와 -st, -nd, -rd, -th 등 어미는 서수를 아라비아 숫자로 나타낼 때의 쓰는 법입니다. 1st, 2nd, 3rd처럼 '제1의', '제2의', '제3의' 세 가지만은 각각 -st, -nd, -rd가 붙고 다음은 전부 -th를 붙입니다.

'제21의' 이상의 서수는 예를 들면 twenty-first처럼 10단위의 수는 기수로 말하고 1단위의 수만을 서수로 합니다. '제31의' 는 thirty-first, '제33의' 는 thirty-third, '제44의' 는 forty-fourth가 됩니다.

또한 아라비아 숫자로 쓸 때에는

31st, 32nd, 33rd, 34th, 35th, 36th, 37th, 38th, 39th, 40th, 41st, 42nd, 43rd, 44th, 45th …가 됩니다.

10단위 수의 서수는

20th **twentieth** [twéntiiθ]　　30th **thirtieth** [θə́ːrtiiθ]
40th **fortieth** [fɔ́ːrtiiθ]　　50th **fiftieth** [fíftiiθ]

가 됩니다. 그 다음은 앞으로 배우게 되지만 참고로 알아둡시다.

60th **sixtieth** [síkstiiθ]　　70th **seventieth** [sévəntiiθ]
80th **eightieth** [éitiiθ]　　90th **ninetieth** [náintiiθ]
100th **one hundredth** [wʌn hʌ́ndrədθ]

가 됩니다. '제**61**의' 는 **61st**, '제**75**의' 는 **75th** …가 되므로 특별히 어려운 것은 없고 '제**100**의' 까지는 이미 배운 것과 같습니다. 요컨대 서수는 '제**1**의' 부터 '제**20**의' 까지를 확실히 알아두면 그 다음은 어려울 것이 없습니다.

서수는 원래 '제1과' **the first lesson**과 같이 형용사적으로 쓰이는 말입니다. 이에 비해서 기수는 원래 명사로서 이용되는 말입니다. 그러나 서수는 뒤에 이어지는 명사를 생략하고 **the first**(제**1**의 것)처럼 명사적으로 쓰이는 경우도 있고, 기수는 **three books**(**3**권의 책)처럼 명사 앞에 놓여서 형용사적으로 쓰이는 경우도 있습니다. 서수는 보통 위의 예에 있듯이 정관사 **the**를 붙입니다. 이것은 '제 ~번째의 …' 처럼 서수가 붙으면 그 사람이나 사물이 특정한 것으로 한정되기 때문입니다.

Point 3 요일 묻고 답하기

What day is it today? - It's Wednesday today.

'오늘은 무슨 요일입니까?' 라고 요일은 위와 같이 묻습니다. 직역하면 '오늘은 무슨 날입니까?' 라는 의미여서 요일뿐만이 아니고 날짜를 묻는 질문이 될 수도 있지만 요일을 물을 때에만 사용합니다. 왜냐하면 미국에서는 생

활이 요일 중심으로 급료나 집세 등도 보통 주 단위로 계산되고 회의 날짜를 정할 때도 날짜보다는 '다음 토요일' 또는 '이번 월요일' 등으로 말하는 것이 보통이므로 '무슨 날입니까?' 라고 물으면 그것은 요일을 묻는 것이 됩니다.

날짜를 물을 때는 Part 10 - Unit 4에 있듯이

What is today's date?

라고 **date**(날짜)라는 말을 씁니다.

What day is it today?에서 **it**은 특별히 무엇인가를 받는 대명사는 아니고 요일·날짜 등을 나타내는 **it**으로 이것을 요일·날짜의 **it**이라고 부르기로 합시다. 요일을 물을 때는

What day is today?

라고 요일·날짜의 **it**을 사용하지 않고도 물을 수가 있습니다. 또한

What day of the week is (it) today?

처럼 **day of the week**(요일)이라는 말을 사용해서 물으면 보다 정확한 어법이 되지만 위에 설명한 이유로 **day of the week**이라는 말을 사용하지 않아도 됩니다.

대답은

What day is it today?

에 대해서는

It's Wednesday. 수요일입니다.

처럼 요일·날짜의 **it**을 사용해서 대답합니다.

What day is today?

에 대해서는

It's Wednesday.

Today is Wednesday.

모두 좋습니다.

What day of the week is it today?

에 대해서는

It's Wednesday.

라고 대답합니다.

Point 4 날짜 묻고 답하기

What's today's date? - It's June 30.

날짜를 묻는 가장 일반적인 질문과 대답은 date 또는 day of the month라는 확실히 날짜를 의미하는 말을 사용합니다.

위의 질문 이외에

What date is it today?

라고 요일·날짜의 it을 주어로 해서 물을 수도 있고

What day of the month is it today?

라고 물을 수도 있습니다. 또한 today 또는 tomorrow와 같은 말은 말할 필요가 없으면

What's the date?

처럼 정관사 the를 date에 붙여 생략할 수가 있습니다.

대답은

What's today's date?

나 그 외의 질문에 대해서도

It's June 30.

라고 대답하면 됩니다.

날짜는 June (the) thirtieth처럼 반드시 서수를 사용합니다. the는 표기할 때는 사용하지 않지만 읽을 때는 붙여도 좋고 붙이지 않아도 좋습니다. 표기할 때는 June 1과 같이 아라비아 숫자를 사용하는 것이 보통입니다.

(예) 6월 1일	**June 1 (June (the) first)**
6월 2일	**June 2 (June (the) second)**
6월 3일	**June 3 (June (the) third)**
6월 10일	**June 10 (June (the) tenth)**
6월 21일	**June 21 (June (the) twenty-first)**

Point 5 기타 날짜를 묻는 표현

What's the date today?	오늘이 며칠이죠?
What's the date?	날짜가 언제입니까?
What's the occasion?	오늘이 무슨 날이죠?
What special day is today?	오늘이 무슨 특별한 날입니까?
What date does our vacation start?	우리 휴가가 며칠부터 시작이죠?
What date were you born?	며칠에 태어났어요?
Have you settled on a date yet?	날짜를 정했어?

Part

have동사의 용법_1

Unit 01

학습일

1 · 2인칭 주어와 have

You have a nice room.

당신은 멋진 방을 가지고 있군요.

STEP 1 여러 번 듣고 소리내어 반복해서 읽어보세요.

A **You have a nice room.**
유 해버 나이스 룸

B **Thank you.**
땡큐

A **You have a CD player.**
유 해버 씨디 플레이어

B **Yes. I have some CD's here.**
예스. 아이 햅 썸 씨디즈 히어

And I have a radio over there.
앤 아이 해버 레이디오 오우버 데어

A **You have a tape recorder, too.**
유 해버 테이프 리코더, 투

B **The tape recorder isn't mine.**
더 테이프 리코더 이즌트 마인

It's my big brother's.
잇츠 마이 빅 브라더즈

A 당신은 멋진 방을 가지고 있군요.
B 고마워요.
A CD 플레이어를 가지고 있네요.
B 네, 여기에 CD도 있어요.
그리고 저기에 라디오도 있고요.
A 녹음기도 있네요.
B 녹음기는 제 것이 아니에요.
저의 형 것이에요.

have [hæv] 가지고 있다, …가 있다 **CD player** [siː diː pléiər] CD 플레이어 **here** [hiər] 여기에
some [sʌm] 몇 개인가의 **CD** Compact Disk의 약어

STEP 2 이것만은 꼭 알아두세요.

You have ~.; I have ~.

> **have**문형을 '~이다' 문형과 비교해 봅시다.

~이다 (be동사)	You are a teacher.	I am a student.
~를 가지고 있다 (have 동사)	You have a watch.	I have a radio.

> 동작 또는 상태를 나타내는 말을 동사라고 합니다. '~이다'에 해당하는 **am, are, is** 등을 모두 **be**동사, '~을 가지고 있다'에 해당하는 **have**와 앞으로 배우게 될 **has**를 **have**동사라고 부릅니다. **have**동사는 주어가 **you**나 **I**일 경우에는 **have**가 됩니다.

I have some CD's here.

> **some**은 '몇 개인가의, 다수의'라는 의미의 형용사입니다. 수가 확실하지 않은 복수의 명사에는 관사처럼 **some**을 붙이는 경우가 많고 이때에는 우리말로는 번역하지 않을 수도 있습니다. 이렇게 쓰인 **some**에는 약한 강세가 있습니다. 또 **CD**와 같은 약어 형태의 복수형은 **-'s**의 형태가 됩니다.

STEP 3 실전 말하기 훈련

보기와 같이 말해 봅시다.

| 보기 |

(radio) I have a radio.
(You) You have a radio.
(a nice radio) You have a nice radio.

1. watch

2. doll

3. stereo

Unit 02

학습일

have를 이용한 의문문(1 · 2인칭)

Do you have a watch?

당신은 시계를 가지고 있습니까?

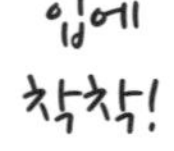

STEP 1 여러 번 듣고 소리내어 반복해서 읽어보세요.

A **Do you have a watch, Mary?**
두 유 해버 왓치, 메리

B **Yes, I do. I have a watch.**
예스, 아이 두. 아이 해버 왓치

A **Do you have a clock?**
두 유 해버 클락

B **Yes. I have an alarm clock.**
예스. 아이 해번 얼람 클락

Do you have one, Bill?
두 유 햅 원, 빌

A **No, I don't. I don't have an alarm clock.**
노우, 아이 돈트. 아이 돈트 해번 얼람 클락

B **Do you have a wall clock?**
두 유 해버 월 클락

A **Yes, I do.**
예스. 아이 두

A 메리, 시계를 가지고 있나요?
B 네, 손목시계가 있어요.
A 당신은 벽시계가 있나요?
B 네, 자명종 시계 있어요.
빌, 당신은 자명종 시계가 있나요?
A 아뇨, 자명종 시계는 없어요.
B 벽시계는 있나요?
A 네, 있어요.

do [du:] 〈조동사〉 의문문·부정문을 만들 때 이용하는 말; 의문문 대답에 쓰이는 말 **alarm clock** [əlá:rm klɑk] 알람시계 **don't** [dount] do not의 단축형 **wall clock** [wɔ:l klɑk] 벽시계

STEP 2 이것만은 꼭 알아두세요.

Do you have a watch, Mary?

	You	have	a watch	.	〈평서문〉
Do	you	have	a watch	?	〈의문문〉

> be동사일 때와 달리 do를 문장 첫머리에 내서 의문문을 만듭니다.

> 의문문은 말끝을 올리는 인토네이션으로 합니다.

Yes, I do. I have a watch.

> Do you have …?에 대한 긍정대답으로 대답할 때도 do를 사용합니다. Yes, I do.에서는 yes와 do에 강한 강세가 있습니다.

No, I don't. I don't have an alarm clock.

> Do you have …?에 대한 부정대답(don't = do not). No, I don't.는 No와 don't에 강한 강세가 있습니다.

> have의 부정에는 do not을 쓰며 단축형은 don't [dount]입니다.

I			have	an alarm clock	.	〈긍정문〉
I	do	not	have	an alarm clock	.	〈부정문〉

STEP 3 실전 말하기 훈련

입으로
솰라솰라!

주어진 조건에 맞게 〈문형연습〉을 해봅시다.

I have a watch.

1. Do you?
2. Yes
3. a wall clock?
4. No
5. an alarm clock?
6. Yes

Unit 03

학습일  

3인칭 단수 주어와 has

He has a new bicycle.

그는 새 자전거를 가지고 있습니다.

STEP 1 여러 번 듣고 소리내어 반복해서 읽어보세요.

A **Who's that boy?**
후즈 댓 보이

B **That's Bill. He has a new bicycle.**
댓츠 빌. 히 해저 뉴 바이시클

A **Chan-ho has a new one, too.**
찬호 해저 뉴 원, 투

B **Whose bicycle is that?**
후즈 바이시클 이즈 댓

A **It's Sun-hee's.**
잇츠 선희즈

B **Whose bicycle is this?**
후즈 바이시클 이즈 디스

A **It's Sun-hee's, too. She has two bicycles.**
잇츠 선희즈, 투. 쉬 해즈 투 바이시클즈

A 저 남자는 누구인가요?
B 빌이에요. 그는 새 자전거를 가지고 있어요.
A 찬호도 새 자전거를 가지고 있어요.
B 저것은 누구의 자전거죠?
A 선희의 자전거예요.
B 이것은 누구 자전거인가요?
A 그것도 선희의 자전거예요. 그녀는 자전거가 2대예요.

has [hæz] …를 가지고 있다, …가 있다(have의 3인칭 단수형) **bicycles** [báisikəlz] 자전거〈복수형〉

STEP 2 이것만은 꼭 알아두세요.

He has a new bicycle.

> I, you가 주어가 될 때와 비교해 봅시다.

I	have	a bicycle	.
You	have	a bicycle.	.
Chan-ho / He / She	has	a bicycle.	.

I(1인칭), you(2인칭)가 주어일 때는 have를 쓰지만 Chan-ho, he, she와 같은 3인칭이 주어가 되면 has를 사용합니다.

Chan-ho has a new one, too.

> one은 같은 종류의 물건 하나를 의미하는 대명사입니다. (Part 9 - Unit 3 참조)

> one에는 약한 강세만 있습니다.

She has two bicycles.

> two와 같은 수사(수를 나타내는 말)에는 강한 강세가 있습니다.

STEP 3 실전 말하기 훈련

그림을 보고 보기와 같이 말해 봅시다.

| 보기 |

Bill has a camera.

(He)	He has a camera.
(a new camera)	He has a new camera.
(Emily, too)	Emily has a new camera, too.
(She, too)	She has a new camera, too.

1. bag

2. raincoat

3. umbrella

학습일

have를 이용한 의문문(3인칭)

Does your father have a car?

당신의 아버지는 자동차를 가지고 계십니까?

STEP 1 여러 번 듣고 소리내어 반복해서 읽어보세요.

A **Does your father have a car?**
더즈 유얼 파더 해버 카

B **Yes, he does. He has one.**
예스, 히 더즈. 히 해즈 원

A **Does your mother have a car, too?**
더즈 유얼 마더 해버 카, 투

B **No, she doesn't.**
노우, 쉬 더즌트

She doesn't have a car.
쉬 더즌트 해버 카

But she has a bicycle.
벗 쉬 해저 바이시클

A 아버지는 자동차를 가지고 계십니까?
B 네. 가지고 계세요.
A 어머니도 차를 가지고 계시나요?
B 아뇨. 없어요.
그런데 자전거는 가지고 계세요.

does [dʌz] 〈조동사〉 주어가 3인칭 단수인 의문문 · 부정문을 만들 때 이용하는 말; 주어가 3인칭 단수인 의문문의 대답에 이용되는 말 **doesn't** [dʌ́znt] does not의 단축형 **but** [bʌt] 그러나, 그런데

STEP 2 이것만은 꼭 알아두세요.

Does your father have a car?

> 다음을 비교해 봅시다.

Do	you	have	a car	?
Does	your father he, she	have	a car	?

> 주어가 **you**일 때 의문문에는 **do**를 이용하지만 주어가 **your father(= he)**와 같은 **3** 인칭 단수 명사·대명사일 경우는 **does**를 사용해 의문문을 만듭니다.

Yes, he does. He has one.

> **Does he have …?**에 대한 긍정의 대답입니다. **(one = a car)**

> **yes**와 **does**에 강한 강세가 있고 **one**에는 약한 강세만 있습니다.

No, she doesn't. She doesn't have a car.

> **Does she have …?**에 대한 부정적인 대답입니다. **(doesn't = does not)**

> **has**를 부정할 때에는 **does not**을 사용하며 단축형은 **doesn't** [dʌ́znt]입니다.

She			has	a car	.	〈긍정문〉
She	does	not	have	a car	.	〈부정문〉

> No, she doesn't.는 No와 doesn't에 강세가 있습니다.

STEP 3 실전 말하기 훈련

주어진 조건에 맞게 〈문형연습〉을 해봅시다.

A. My father has a car.

1. your father? ***2.*** Yes ***3.*** a motorcycle? ***4.*** No

B. My mother has a bicycle.

1. your mother? ***2.*** Yes ***3.*** a car? ***4.*** No

학습일

의문사 what과 have를 이용한 의문문(1 · 2인칭)

What do you have in your hand?

당신은 손에 무엇을 가지고 있습니까?

STEP 1 여러 번 듣고 소리내어 반복해서 읽어보세요.

A **What do you have in your hand?**
왓 두 유 햅 인 유어 핸드

B **I have a coin in my hand.**
아이 해버 코인 인 마이 핸드

A **Do you have coins in your pocket, too?**
두 유 햅 코인즈 인 유어 파킷, 투

B **No, I don't.**
노우, 아이 돈트

A **What do you have in your pocket?**
왓 두 유 햅 인 유어 파킷

B **I have some candy.**
아이 햅 썸 캔디

A 당신은 손에 무엇을 가지고 있습니까?
B 동전을 가지고 있어요.
A 주머니에도 동전이 들어 있나요?
B 아뇨.
A 주머니에는 무엇이 들어 있나요?
B 사탕이 몇 개 있어요.

in [in] …(의 속)에 **hand** [hænd] 손 **coin** [kɔin] 동전 **coins** [kɔinz] coin의 복수형 **pocket** [pákit] 호주머니 **candy** [kǽndi] 사탕

STEP 2 이것만은 꼭 알아두세요.

What do you have in your hand?

> 이 문장이 어떻게 구성되어 있는지 살펴봅시다.

			I	have	a coin	in my hand	.
		Do	you	have	a coin	in your hand	?
What	do	you	have		what	in your hand	?

> **in**은 명사나 명사에 해당하는 어구 앞에 놓이므로 전치사라고 하는데 뒤에 계속되는 말과 함께 '…속에' 라는 의미를 가진 말의 집합 즉, 구를 만듭니다.

I have some candy.

> **candy**는 영어에서는 보통 한 개, 두 개라고 셀 수 없는 명사로 취급됩니다. 그러므로 복수형이 없습니다. 이와 같은 명사에 붙는 **some**은 '몇 개인가의' 라는 양을 나타내는 말이 됩니다. 관사와 같은 것이므로 해석하지 않을 수도 있습니다.

STEP 3 실전 말하기 훈련

주어진 조건에 맞게 〈문형연습〉을 해봅시다.

I have a coin in my hand.

1. Do you?
2. Yes
3. some candy?
4. No
5. What?
6. a coin

Unit 06

학습일

다른 단어 앞에 오는 전치사

What do you have on the wall?

벽에는 무엇이 걸려 있습니까?

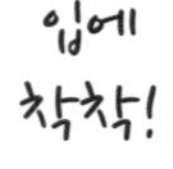

STEP 1 여러 번 듣고 소리내어 반복해서 읽어보세요.

A **This is my room.**
디스 이즈 마이 룸

B **What do you have on the wall?**
왓 두 유 햅 온 더 월

A **A picture.**
어 픽춰

B **What do you have on the table?**
왓 두 유 햅 온 더 테이블

A **A vase.**
어 베이스

B **What do you have under the table?**
왓 두 유 햅 언더 더 테이블

A **A ball.**
어 볼

B **What do you have in that bottle?**
왓 두 유 햅 인 댓 바틀

A **Some water.**
썸 워터

A 이것이 내 방이에요.
B 벽에는 무엇이 걸려 있나요?
A 그림이에요.
B 테이블 위에는 무엇이 있나요?
A 꽃병이 있어요.
B 테이블 아래에는 무엇이 있나요?
A 공이 있어요.
B 저 병에는 무엇이 들어 있나요?
A 물이 들어 있어요.

on [ɔ:n/ɔn] …의 위에〈접촉해서〉 **wall** [wɔ:l] 벽 **vase** [veis] 꽃병 **under** [ʌ́ndər] …의 아래(쪽)에
bottle [bátl] 병 **water** [wɔ́:tər] 물

STEP 2 이것만은 꼭 알아두세요.

What do you have on the wall?

> **on**은 '…에 접촉해서, 붙어서' 라는 의미로 우리말의 '…위에' 와 일치하지 않을 수도 있습니다. 이 경우는 벽에 붙어 있는 상태를 말합니다.

A picture.

> 완전 응답으로 하면 **I have a picture.**이지만 실제 회화에서는 이런 간략한 응답이 많이 쓰입니다.

What do you have under the table?

> **under**는 '…아래에' 라는 의미로 위에 있는 것과 접촉해 있지 않을 수도 있습니다.

Some water.

> **water**는 셀 수 없는 명사이므로 복수형이 없습니다. **some**은 '얼마간의' 라고 양을 나타내는 데 사용합니다.

STEP 3 실전 말하기 훈련

주어진 조건에 맞게 〈문형연습〉을 해봅시다.

A. I have a vase on the table.

1. Do you?	***4.*** No
2. Yes	***5.*** What?
3. a picture?	***6.*** a vase

B. 오른쪽에 있는 그림을 보고 아래의 장소에 무엇이 있는가를 묻고 그 대답을 말해 봅시다.

1. on the table
2. on the wall
3. under the table

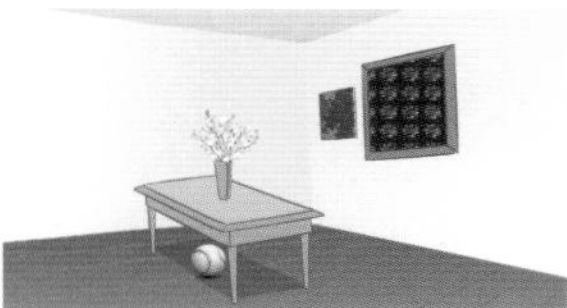

학습일

의문사 what과 have를 이용한 의문문(3인칭)

What does she have in the basket? 그 바구니 안에는 무엇이 들어 있나요?

STEP 1 여러 번 듣고 소리내어 반복해서 읽어보세요.

A **What does Bob have under his arm?**
왓 더즈 밥 햅 언더 히즈 암

B **He has a book.**
히 해저 북

A **What does Alice have in her hand?**
왓 더즈 앨리스 햅 인 헐 핸드

B **A basket.**
어 베스킷

A **What does she have in the basket?**
왓 더즈 쉬 햅 인 더 베스킷

B **Some apples. She has five apples in the basket.**
썸 애플즈. 쉬 해즈 파이브 애플즈 인 더 베스킷

A 밥은 겨드랑이에 무엇을 끼고 있나요?
B 책을 끼고 있어요.
A 앨리스는 손에 무엇을 가지고 있나요?
B 바구니를 가지고 있어요.
A 그 바구니 안에는 무엇이 들어 있나요?
B 사과예요. 그녀는 바구니 안에 5개의 사과를 가지고 있어요.

Bob [bab] 밥〈남자 이름〉 **arm** [ɑːrm] 팔〈어깨부터 손목까지의 부분〉 cf. hand **under his arm** 겨드랑이 아래에, 겨드랑이에 **Alice** [ǽlis] 앨리스〈여자 이름〉 **basket** [bǽskit] 바구니

STEP 2 이것만은 꼭 알아두세요.

What does Bob have under his arm?

> '팔 아래에 가지고 있다'는 '겨드랑이에 끼고 있다'는 것입니다. **arm**과 **hand**의 차이에 주의합시다.

> **Bob**을 받아서 **under his arm**이라고 되는 점에 주의합시다.

What does she have in the basket?

> **the basket**이라고 정관사가 붙어 있는 것은 앞 문장에서 화제가 된 **basket**이기 때문입니다.

Some apples.

> **apple**은 셀 수 있는 명사이므로 **some**은 '몇 개의'의 의미입니다. **some**에는 약한 강세만 있습니다.

STEP 3 실전 말하기 훈련

주어진 조건에 맞게 〈문형연습〉을 해봅시다.

Bob has a book under his arm.

1. a book?
2. Yes
3. a notebook?
4. No
5. What?
6. a book

Point 1 have의 의미

have는 '…을 가지고 있다, …을 소유하고 있다'가 원래의 의미입니다. 우리말로는 '나는 녹음기를 가지고 있습니다'라고 해도 좋고 '나는 녹음기가 있다'라고도 하므로 have는 '…가 있다'라는 우리말에 해당합니다. 우리말에서는 '이 집은 4개의 방을 가지고 있다'라고 무생물을 주어로 한 문장에서 '가지고 있다'라고 하면 어색한 표현이 되지만 영어에서는 무생물이 주어인 경우에도 have를 사용하므로 그 점에서 우리말과 차이가 있습니다. '가지고 있다'라는 말은 우리말에도

(1) 지금 가지고 있다.

(2) 지금 가지고 있지는 않지만 집에 있든지 방에 있든지 소유하고 있다.

라는 2가지 경우가 있는데 이 점에서 have도 동일합니다.

그러면 그 구별은 어떻게 하면 될까요?

I have a watch.

와 같은 문장이 단독으로 쓰인 경우에는 구별이 되지 않습니다. 이 문장의 전후관계나 그때의 상황에서 판단할 수밖에 없는 것입니다. 그렇더라도 확실하게 문장 속에서 구별을 하고 싶을 때에는

I have a watch in my hand.
나는 손에 손목시계를 가지고 있다.

※ 손목에 차고 있다는 의미는 아닙니다. '차고 있다'라고 할 경우에는 I have a watch on my wrist [rist].가 됩니다. (wrist는 '손목')

이처럼 in my hand라는 말을 덧붙이면 지금 가지고 있다는 의미가 되고 I have a watch in my room. (나는 방에 손목시계가 있다.)이라고 하면 방에는 있지만 지금은 가지고 있지 않다는 의미가 됩니다.

또한 have는 '가지고 있다'라는 뜻으로 '진행형'으로 쓸 수 없습니다.

Do you have the pen now? (너 지금 그 펜 가지고 있니?) **(O)**

Are you having the pen now? (X)

Point 2 have의 평서문, 의문문과 대답, 부정문

am, are, is를 be동사라 하고 have 및 has를 have동사라고 합니다. 이 Part에서는 have동사가 1인칭(I), 2인칭(you), 3인칭(he, she, your father 등)의 단수를 주어로 할때 쓰이는 어법이 모두 나와 있는데 평서문, 의문문과 그 대답, 부정문을 확실히 알아두는 것이 매우 중요합니다.

도표로 종합해 봅시다.

1인칭 (I)	평서문	I have a bicycle.
	의문문	Do I have a bicycle? - Yes, you do. You have a bicycle. - No, you don't. You don't have a bicycle.
	부정문	I don't have a bicycle.
2인칭 (you)	평서문	You have a bicycle.
	의문문	Do you have a bicycle? - Yes, I do. I have a bicycle. - No, I don't. I don't have a bicycle.
	부정문	You don't have a bicycle.
3인칭 (he, she, your father)	평서문	He / She / Your father has a bicycle.
	의문문	Does he / she / your father have a bicycle? - Yes, he / she does. He / She has a bicycle. - No, he / she doesn't. He / She doesn't have a bicycle.
	부정문	He / She / Your father doesn't have a bicycle.

* He / she / Your father에서 사선(/)은 이 중에서 하나를 골라 쓴다는 것입니다.

중요한 점은

(1) have는 3인칭 단수 주어에서는 has가 됩니다.

She has a very beautiful dress. 그녀는 매우 아름다운 드레스를 가지고 있다.

The bag has a small pouch in it. 그 가방 안에는 작은 주머니가 들어 있다.

(2) 의문문에서는 do 또는 does를 사용합니다.

have의 의문문 : Do[Does] + 주어 + have?

Do you have an umbrella? 우산 있어요?

Does he have a notebook? 그는 노트북이 있나요?

(3) 대답에도 do, does를 사용합니다.

Yes, I do. 네, 있습니다.

No, he doesn't. 아니오, 없습니다.

(4) 3인칭 단수 주어의 의문문에서 Does ~를 문장의 첫머리에 내면 has는 have가 됩니다.

Does she have a boyfriend? 그녀는 남자 친구가 있나요?

Does he have your number? 그가 당신 번호를 알고 있나요?

(5) 부정문은 do 또는 does에 not을 붙인 do not(단축형은 don't), does not(단축형은 doesn't)을 사용합니다.

have의 부정문 : do[does] not + have

I don't have much time right now. 나는 지금 시간이 많지 않다.

She doesn't have enough money. 그녀는 충분한 돈이 없다.

(6) your father 같은 단수 명사는 모두 3인칭이므로 평서문에서는 has, 의문문·부정문에서는 does를 사용합니다. 이 경우 your라는 말에 혼동해서 2인칭으로 착각하지 않는 것이 중요합니다. your father = he라는 관계를 잘 알아둘 필요가 있습니다.

일상회화에서는 **have** 대신 **have got**도 같은 뜻으로 사용합니다.

I have - I've got **You have - You've got**

He has - He's got **She has - She's got**

다른 단어 앞에 오는 전치사

전치사는 명사 또는 명사에 해당하는 말 앞에 놓여서 문장 속의 다른 말과의 관계를 나타내는 말입니다. 명사 등의 앞에 놓이므로 '전치사' 라는 이름이 붙었습니다.

이 **part**에서 배운 전치사는

in ~속에 **on** ~위에 **under** ~아래에

의 **3**가지입니다. **in**은 어느 정도의 넓이 또는 깊이가 있는 것 속에 들어 있다는 것을 나타내는 말로

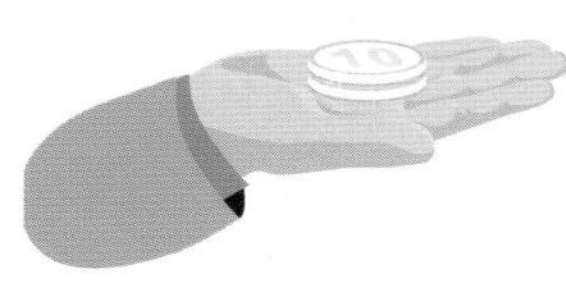

I have a coin in my hand.

라고 하면 '나는 손에 동전을 가지고 있습니다.' 로 손안에 동전이 들어 있어서 쥐고 있다는 것을 의미합니다.

또한 바구니 속에 사과가 들어 있으면

I have some apples in the basket.

나는 바구니에 사과를 몇 개 가지고 있다. 또는 내 바구니에는 사과가 몇 개 들어 있다.

라고 합니다. 그러면 **She has a basket.**(그녀는 바구니를 가지고 있습니다.)은 바구니의 손잡이를 그녀가 손으로 잡고 있다는 것을 의미합니다.

on은 '~위에' 에 해당하지만 더 정확하게 말하면 '접촉(붙어 있는 것)' 을 나타내는 전치사로, 테이블에 공이 놓여 있다면

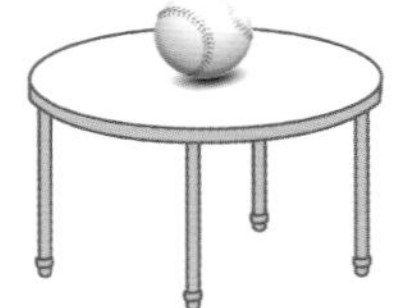

I have a ball on the table. 테이블 위에 공이 있습니다.

이 되고

벽에 그림이 걸려 있는 경우 그것이 우리말의 '~위에' 에 해당하지 않아도 붙어 있으면

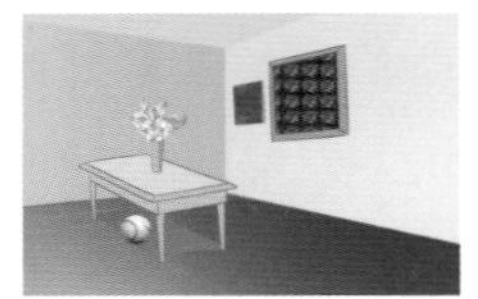

I have a picture on the wall.
방의 벽에 그림이 걸려 있습니다.

라고 합니다.

under는 '~아래에' 에 해당하는 전치사로 아래쪽에 있다면

I have a ball under the table. 테이블 아래에 공이 있습니다.

이라 하고 테이블에 붙어 아래에 있는 경우에도 under를 씁니다.

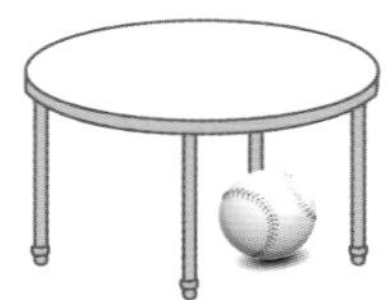

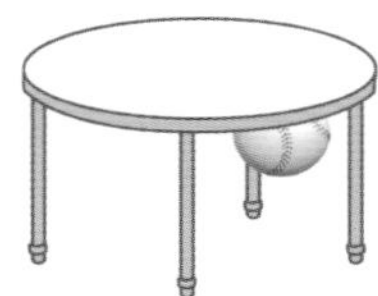

Point 4 what을 이용한 의문문

Unit 5에서 설명한 것처럼 평서문을 기초로 설명하면 what을 사용한 의문문을 만드는 원리를 잘 알 수 있습니다.

I have a coin in my hand.
나는 손에 동전을 가지고 있다.

를 보통의문문으로 하면

Do you have a coin in your hand?

가 되고 a coin을 what으로 바꾸고 문장 앞에 내면

What do you have in your hand?
당신은 손에 무엇을 가지고 있습니까?

라는 문장이 됩니다. 대답은 **yes, no**를 사용하지 않고

I have a coin (in my hand).

로 합니다. '무엇을 가지고 있습니까?' 라고 물었으므로 대답의 중심은 당연히 **a coin**으로 **coin**이라는 단어에 강한 강세를 두고 발음합니다. **in my hand**는 생략할 수 있습니다. **I**와 **he / she**를 주어로 한 **what**의문문과 대답의 예를 들어봅시다.

What do I have in my hand?
나는 손에 무엇을 가지고 있을까요?

- You have a coin (in your hand).
당신은 손에 동전을 가지고 있습니다.

What does he / she have in his / her hand?
그 / 그녀는 손에 무엇을 가지고 있습니까?

- He / She has a coin (in his / her hand).
그 / 그녀는 손에 동전을 가지고 있습니다.

Point 5 some

some은 '얼마간의', '몇 개인가의' 의 의미로

I have some candy in my pocket. 나는 주머니에 사탕을 가지고 있습니다.
I have some water in the bottle. 병에 물이 들어 있습니다.

처럼 **candy, water** 등 수를 셀 수 없는 명사에 붙으면 양을 나타내어 '얼마간의' 가 되고

She has some apples in her basket.
그녀는 바구니에 사과를 가지고 있습니다.

처럼 **apple, book** 등의 수를 셀 수 있는 명사에 붙으면 수를 나타내서 '몇 개인가의' 라는 의미가 됩니다. 단 가벼운 의미로 사용되므로 우리말로 나타

내지 않는 경우가 많습니다.

이렇듯 **some**은 분명한 수량을 밝히지 않고 대강만 언급할 때 쓰며 대개 긍정문에서 **some**을 쓰며, 부정문, 의문문, 조건문에서는 **any**를 씁니다. 명사 앞에서 **some**이나 **any**가 쓰이면 형용사 역할을 합니다.

I need some money. 나는 돈이 좀 필요하다.
There are some books on the desk. 몇 권의 책이 책상 위에 있다.

그러나 긍정적인 대답을 예상하고 권유하거나 확인만 할 때는 의문문에도 **some**을 사용합니다.

〈권유〉

Would you like some tea? 티 좀 드실래요?

Yes, please. 네, 주세요. **/ No, thanks.** 아니오, 괜찮습니다.

〈yes의 대답을 기대〉

Do you have some change? 거스름돈 좀 있지?

Yes, I do. (네, 있어요.)

Part

have동사의 용법_2

Unit 01

학습일

We have ~ / You have ~

We have English and math.

우리는 영어와 수학 수업이 있습니다.

STEP 1 여러 번 듣고 소리내어 반복해서 읽어보세요.

A **We don't have classes tomorrow afternoon.**
위 돈ㅌ 햅 클래시즈 터머로우 앱터눈

Do you have classes tomorrow afternoon?
두 유 햅 클래시즈 터머로우 앱터눈

B **No, we don't. We don't have classes, either.**
노우, 위 돈ㅌ. 위 돈ㅌ 햅 클래시즈, 이더

A **Do you have classes tomorrow morning?**
두 유 햅 클래시즈 터머로우 모닝

B **Yes, we do.**
예스, 위 두

A **What classes do you have?**
왓 클래시스 두 유 햅

B **We have English and math.**
위 햅 잉글리쉬 앤 매스

A 우리는 내일 오후에 수업이 없습니다.
당신들은 내일 오후에 수업이 있나요?

B 아뇨, 우리도 수업이 없어요.

A 내일 오전은 수업이 있나요?

B 있어요.

A 무슨 수업이 있나요?

B 영어와 수학 수업이 있어요.

classes [klæsiz] 수업〈class의 복수〉 **afternoon** [æftərnúːn] 오후 **morning** [mɔ́ːrniŋ] 오전
either [íːðər] 〈부정문에서〉 …도 또한 cf. too **English** [íŋgliʃ] 영어 **math** [mæθ] 수학

STEP 2 이것만은 꼭 알아두세요.

We don't have classes tomorrow afternoon.

> '우리는 …를 가지고 있다, …가 있다'는 **We have** …이고 그 부정문은 **We don't have** …가 됩니다.

> **have**는 수업 또는 시간 등과 같은 형태가 없는 것에도 쓰입니다.

> **classes**는 **class**의 복수형으로 발음은 [klæsiz]가 됩니다. 일반적으로 [s, z, ʃ, ʒ, tʃ, dʒ](철자로는 **-se, -ce, -x, -sh, -ch, -dge** 등)로 끝나는 명사의 복수형은 [-iz]가 됩니다.

Do you have classes tomorrow afternoon?

> 여기서의 **you**는 '당신들'이라는 복수 **2**인칭 대명사입니다. 이 문장은 의문문이지만 평서문에서 '당신들은 …가 있다'는 **you have**가 됩니다.

We don't have classes, either.

> **not … either**로 '~도 또한 …않다'라는 의미가 됩니다.

(비교) We have classes, too.
We don't have classes, either.

STEP 3 실전 말하기 훈련

주어진 조건에 맞게 〈문형연습〉을 해봅시다.

We have classes tomorrow morning.

1. Do you?
2. Yes
3. tomorrow afternoon?
4. No
5. What classes?
6. English and math

Unit 02

학습일

Do they have ~?

Do they have any children?

그들에게는 아이들이 있습니까?

STEP 1 여러 번 듣고 소리내어 반복해서 읽어보세요.

A **Who are they?**
후 알 데이

B **They're Mr. and Mrs. Brown.**
데이얼 미스터 앤 미시즈 브라운

A **Do they have any children?**
두 데이 햅 애니 췰드런

B **Yes, they do. They have two children.**
예스, 데이 두. 데이 햅 투 췰드런

A **Are their children boys?**
알 데어 췰드런 보이즈

B **No. Girls. They have two daughters.**
노우. 걸즈. 데이 햅 투 도우터즈

But they don't have any sons.
벗 데이 돈트 햅 애니 썬즈

A 그들은 누구입니까?
B 브라운 씨 부부입니다.
A 그들에게는 아이들이 있습니까?
B 예, 둘 있습니다.
A 아들입니까?
B 아니요, 딸입니다. 딸이 둘 있습니다.
그런데 아들은 없습니다.

any [éni] 〈의문문〉 얼마간의, 몇 사람인가의, 〈부정문〉 조금도[한 사람도] …가 아니다 **children** [tʃíldrən] 아이(들) 〈child [tʃaild]의 복수형〉 **daughter** [dɔ́:tər] 딸 **son** [sʌn] 아들

STEP 2 이것만은 꼭 알아두세요.

Do they have any children?

> '그들은 …을 가지고 있다, …가 있다'는 They have …이고 의문문은 Do they have …?가 됩니다.

> any는 '얼마간의, 몇 명인가'라는 의미로 의문문에서 '~있는지 없는지'를 물을 때 씁니다. 이 의미에서의 any는 긍정문에서는 쓰지 않습니다. 뒤에 이어지는 명사가 셀 수 있는 명사일 때는 보통 복수형을 씁니다.

(비교) Do you have some candy in your pocket?
〈상대방이 가지고 있을 거라고 생각했을 때 묻는 것〉

Do you have any candy in your pocket?
〈가지고 있는지를 물을 때의 질문〉

> children은 child의 복수형입니다.

Yes, they do.

> Do they have …?에 대한 긍정적인 대답입니다.

But they don't have any sons.

> 이 any는 부정문에 사용해서 '조금도 …않다', '한 명도 …가 없다'라는 의미가 됩니다. but은 대조적인 것을 말할 때의 접속사입니다.

STEP 3 실전 말하기 훈련

주어진 조건에 맞게 〈문형연습〉을 해봅시다.

Mr. and Mrs. Brown have two children.

1. any children?
2. Yes, two
3. any sons?
4. No, not any
5. any daughters?
6. Yes, two

Unit 03

학습일  

How many ~? 〈사람〉

How many brothers and sisters do you have? 당신은 형제가 몇 명 있습니까?

STEP 1 여러 번 듣고 소리내어 반복해서 읽어보세요.

A **Do you have any brothers and sisters?**
두 유 햅 애니 브라더즈 앤 시스터즈

B **Yes, I do.**
예스, 아이 두

A **How many brothers and sisters do you have?**
하우 메니 브라더즈 앤 시스터즈 두 유 햅

B **I have two sisters.**
아이 햅 투 시스터즈

A **Do you have any brothers?**
두 유 햅 애니 브라더즈

B **No, I have no brothers.**
노우, 아이 햅 노우 브라더즈
How many brothers and sisters do you have?
하우 메니 브라더즈 앤 시스터즈 두 유 햅

A **I have no brothers and sisters.**
아이 햅 노 브라더즈 앤 시스터즈
I'm an only child.
아임 언 오운리 좌일드

A 당신은 형제가 있습니까?
B 예, 있습니다.
A 형제가 몇 명 있습니까?
B 여자 형제가 2명 있습니다.
A 남자 형제는 있습니까?
B 아니요, 남자 형제는 없습니다.
당신은 형제가 몇 명 있습니까?
A 나는 형제가 없습니다.
독자입니다.

brothers and sisters 형제자매 **how many** [hau méni] 얼마나〈수를 묻는 어법〉 **no** [nou] 조금도 …없다, 하나도 …아니다 **only** [óunli] 단 1개의, 단 1명의 **only child** [óunli tʃaild] 독자

STEP 2 이것만은 꼭 알아두세요.

How many brothers and sisters do you have?

> how many는 수를 묻는 말입니다. how가 의문사이므로 문장 첫머리에 옵니다. how many 다음에는 항상 명사의 복수형이 오며 hów mány라고 동일하게 강세를 두고 발음합니다. 이 문장이 어떻게 구성되어 있는지를 평서문을 원문으로 해서 생각해 봅시다.

		I	have	two sisters	.
	Do	you	have	two sisters	?
How many sisters	do	you	have	how many sisters	?

No, I have no brothers.

> no brothers는 not any brothers와 같고 I don't have any brothers.라고 해도 좋습니다. 즉, have no…로 '…가 없다'가 됩니다.

STEP 3 실전 말하기 훈련

주어진 조건에 맞게 〈문형연습〉을 해봅시다.

I have two sisters.

1. any brothers and sisters?
2. Yes, two sisters
3. any brothers?
4. No, no brothers
5. How many sisters?
6. two

Unit 04

학습일  

How many ~?〈사물〉

How many rooms does it have?

방이 몇 개나 있나요?

STEP 1 여러 번 듣고 소리내어 반복해서 읽어보세요.

A **This is Chul-su's house.**
디스 이즈 철수스 하우스

B **How many rooms does it have?**
하우 메니 룸스 더즈 잇 햅

A **It has five rooms.**
잇 해즈 파이브 룸즈

B **Is that Chul-su's room?**
이즈 댓 철수스 룸

A **Yes.**
예스

B **He has a lot of books on his bookshelf.**
히 해즈 어 랏 옵 북스 온 히즈 북쉘프

How many books does he have?
하우 메니 북스 더즈 히 햅

A **About a hundred.**
어바웃 어 헌드레드

A 이것이 철수의 집입니다.
B 방이 몇 개나 있나요?
A 5개 있어요.
B 저것이 철수의 방인가요?
A 그래요.
B 책장에 책이 많군요.
책을 몇 권이나 가지고 있나요?
A 100권 정도예요.

house [haus] 집 **a lot of** 많은 **bookshelf** [búkʃèlf] 책장 **about** [əbáut] 약, 대강

STEP 2 이것만은 꼭 알아두세요.

How many rooms does it have? / It has five rooms.

> **how many**는 수를 묻는 말로 **how**가 의문사이므로 문장의 첫머리에 옵니다. **how many** 다음에는 항상 명사의 복수형이 옵니다. **how many**에 동일하게 강세를 두고 발음하며 대답에는 **yes, no**를 쓰지 않습니다.

> **it**에 대한 **have** 동사의 형태는 **he, she**와 같이 **has**입니다. 의문문은 **Does it have …?**입니다.

> **have**는 **it(= Chul-su's house)** 즉, 사물을 주어로 쓸 수도 있습니다. 의미는 '…가 있다' 가 됩니다.

He has a lot of books on his bookshelf.

> **a lot of**는 **many**(많은)와 같은 의미로 쓰이는 격의 없는 느낌의 말로 긍정 평서문에서는 주어 이외에는 **many**를 사용하지 않고 **a lot of**를 쓰는 것이 보통입니다. **a lot of**는 발음할 때 끊지 말고 한 단어처럼 말하도록 합시다.

> **on his bookshelf**는 전치사로 시작되는 구로 '책장에' 라는 의미입니다.

About a hundred.

> **about**은 '약, 대략' 이라는 의미의 부사로 수사에 붙으며 **around, approximately** 등으로 바꿔 쓸 수도 있습니다.

> 완전 응답으로 하면 **He has about a hundred books.**가 됩니다.

STEP 3 실전 말하기 훈련

주어진 조건에 맞게 〈문형연습〉을 해봅시다.

Chul-su has a lot of books on his bookshelf.

1. a lot of books?
2. Yes
3. twenty books?
4. No
5. How many books?
6. about a hundred books

Unit 05

학습일

some과 any

Do you have any CD's?

당신은 CD를 가지고 있습니까?

STEP 1 여러 번 듣고 소리내어 반복해서 읽어보세요.

A **What do you have in your room?**
왓 두 유 햅 인 유어 룸

B **I have a desk, a chair, some bookshelves ….**
아이 해버 데스크, 어 췌어, 썸 북쉘브즈

A **Do you have any pictures?**
두 유 햅 애니 픽춰스

B **Yes. I have some on the walls and some on the bookshelves.**
예스. 아이 햅 썸 온 더 월즈 앤 썸 온 더 북쉘브즈

A **Do you have any CD's?**
두 유 햅 애니 씨디즈

B **No, I don't have any CD's.**
노우, 아이 돈ㅌ 햅 애니 씨디즈

A 당신의 방에는 무엇이 있습니까?
B 책상 하나와 의자 하나 그리고 책장 몇 개 ….
A 그림은 있나요?
B 네, 벽에 몇 개와 책장에 몇 개가 있습니다.
A CD는 있나요?
B 아뇨, CD는 없습니다.

bookshelves [búkʃèlvz] bookshelf의 복수형 **some** [sʌm] 몇 개인가의, 얼마간의

STEP 2 이것만은 꼭 알아두세요.

I have a desk, a chair, some bookshelves ….

> 화자가 말하는 동안에 상대방이 끼어든 것으로 말을 완결하지 않았으므로 인토네이션은 하강조로 하지 않고 계속되는 어조로 말합니다.

> **some bookshelves**의 **some**은 '몇 개인가의' 라는 의미입니다.

> **bookshelves**는 **bookshelf**의 복수형입니다. 보통 **-f**로 끝나는 명사는 복수형이 되면 [**-f**]가 [**-v**]로 되어 [**-z**]가 붙는데, 철자는 **-f**를 **-ve**로 바꾸고 **-s**를 붙입니다.

Do you have any pictures?

> 있는지 없는지를 묻는 **any**로 뒤의 명사가 복수형이 되는 점에 주의하세요.

I have some on the walls and some on the bookshelves.

> **some**은 **some pictures** 대신에 쓰인 것입니다. 이와 같은 **some**에는 강한 강세가 있고 **any**라고 묻고 **some**으로 대답하는 것에도 주의합시다.

> **wall**(벽)은 두 면 이상이 되면 복수형이 됩니다.

No, I don't have any CD's.

> **not any**(= **no**)는 '하나도 …가 없다' 라는 의미입니다. **any**라고 물을 경우 하나도 없을 때는 이렇게 대답합니다.

STEP 3 실전 말하기 훈련

주어진 조건에 맞게 〈문형연습〉을 해봅시다.

I have some pictures on the walls.

1. any pictures?
2. Yes, some
3. any clocks?
4. No
5. What?
6. some pictures

복수 주어와 have

이 part에서는 we(우리들), you(당신들), they(그들) 등의 주어에 대한 have 용법을 배웠습니다. 알기 쉽게 도표로 정리해 보면 다음과 같습니다.

		주어가 단수일 때	주어가 복수일 때
1인칭	평서문	I have a car.	We have a car.
	의문문	Do I have a car?	Do we have a car?
	대 답	Yes, you do.	Yes, you do.
		No, you don't.	No, you don't.
	부정문	I don't have a car.	We don't have a car.
2인칭	평서문	You have a car.	You have a car.
	의문문	Do you have a car?	Do you have a car?
	대 답	Yes, I do.	Yes, we do.
		No, I don't.	No, we don't.
	부정문	You don't have a car.	You don't have a car.
3인칭	평서문	He / She has a car.	They have a car.
	의문문	Does he / she have a car?	Do they have a car?
	대 답	Yes, he / she does.	Yes, they do.
		No, he / she doesn't.	No, they don't.
	부정문	He / She doesn't have a car.	They don't have a car.

have는 주어가 **3**인칭 단수일 때 **has**가 되고 그 의문문·부정문에는 **does**가 쓰입니다. 그러므로 인칭별로 하나씩 외울 필요는 없고 **3**인칭 단수일 경우에만 **has**를 쓴다고 알아둡시다.

have를 이용한 의문문의 대답 표현

Do you have classes tomorrow morning?
의 질문은 주어 **you**가 단수인지 복수인지에 따라 대답이 다릅니다. **you**가 '당신들' 이라면

Yes, we do.

가 되고 **you**가 단수면

Yes, I do.

가 될 것입니다. 이 판단은 전후관계에서 판단해야 합니다. 그러나 대부분의 경우 학생이라면 자신만이 수업을 받는 것이 아니라 동료들이 있을 것이므로 **we**를 사용해서 대답하는 것이 보통입니다. 또한 **have classes**라는 표현은 선생님에게도 사용할 수 있습니다. 이 질문을 만일 선생님에게 하면 '당신은 내일 오전에 강의가 있습니니까?' 라는 의미가 됩니다. 대답은 **Yes, I do. No, I don't.**처럼 단수로 합니다. 이와 같이 **have**는 **class**(수업)와 같이 추상적인 것에도 '…가 있다' 라는 의미로 쓰입니다.

Point 3 How many ~?

how many는 정확한 어법으로 하면 **how**가 의문사이고 **many**는 '많은' 이라는 의미의 형용사이지만 **how many**로 '몇 개의 …, 몇 사람의 …' 라는 의미가 된다는 것을 알아둡시다. 또한 의문사이므로 항상 문장의 첫머리에 옵니다. 대답에는 **yes, no**를 쓰지 않습니다.

How many brothers and sisters do you have?
당신은 형제가 몇 명 있습니까?

- I have a brother and a sister.
남자 형제 1명과 여자 형제 1명이 있습니다.

How many classes do you have tomorrow?
내일은 수업이 몇 개 있습니까?

- We have five.
5개 있습니다.

양을 물을 때는 how much를 쓴다는 것을 참고로 알아둡시다.

How much will that be?
요금은 얼마입니까?

How much time do you need?
시간이 얼마나 필요한가요?

not … either

'~도 또한 …아니다' 라는 의미로 too가 긍정문에서 '~도 또한 …입니다' 로 되는데 비해 부정문에서는 not … either를 쓴다는 점에 주의합시다.

I don't know either boy.
나는 어느 쪽 소년도 모른다.

I know neither boy.로 바꾸어 쓸 수 있습니다.

(예) **A : I don't have a bicycle.**
나는 자전거가 없어요.

B : I don't have one, either.
나도 없어요.

one은 bicycle를 받는 대명사입니다.

이것을 다음 대화와 비교해 봅시다.

A : I have a bicycle.
나는 자전거를 가지고 있어요.

B : I have one, too.
나도 가지고 있어요.

Point
5

some과 any

some은 수와 양 모두에 사용되어 '얼마간의', '몇 개인가의' 라는 의미입니다(Part 11 참조). 가벼운 의미로 사용되므로 우리말에서는 번역하지 않는 경우가 많습니다.

(예) **I have some coins in my pocket.**
주머니에 동전이 있습니다.

이처럼 some은 수와 양 모두에 쓸 수 있고 의문문과 부정문에서만 쓰이는 말이 **any**입니다(**any**를 긍정 평서문에서도 사용할 수 있지만 그것은 여기에서 말하는 용법과는 다른 경우이므로 앞으로 공부하게 됩니다). 의문문에서 사용하면 있는지 없는지를 묻는 것이 되고 부정문에서 사용하면 **not any**로 '하나도 …없다' 라는 전혀 다른 의미를 나타냅니다.

Do they have any children?
그들은 아이들이 있습니까?

라는 의문문에서는 **any**가 사용되고 있으므로 그들에게 아이들이 있는지 없는지의 유무를 묻는 것으로, 질문하는 사람은 대답이 **yes**일지 **no**일지 전혀 모르는 상태에서 묻고 있는 것입니다. 일반적으로 **any** 뒤에는 복수형 명사가 옵니다.

Do you have any American coins?
당신은 미국 동전을 가지고 있습니까?

에서 하나라도 가지고 있다면

Yes, I do. I have only one.
예, 가지고 있습니다. 딱 하나 가지고 있습니다.

Yes, I do. I have some.
예, 가지고 있습니다. 몇 개 가지고 있습니다.

이라고 대답합니다. 또한 하나도 가지고 있지 않으면

No, I don't. I don't have any.
아뇨, 가지고 있지 않아요. 하나도 가지고 있지 않아요.

라고 대답합니다. **any**는 **not … any**와 연결해서 '하나도 …없다' 라는 것을 나타냅니다.

any 뒤에는 **American coins**가 생략되었습니다.

부정문인 **not … any**의 예를 하나 더 들어봅시다.

They don't have any daughters.
그들은 여자 아이는 없습니다.

이 문장에서는 **not … any**가 사용되고 있으므로 '그들에게는 여자 아이가

한 명도 없다.' 라는 의미가 됩니다.

따라서 some은 긍정평서문에, any는 의문문과 부정문에 쓴다는 구별이 가능한 것처럼 보일지도 모르지만 some은 그렇지 않습니다. some은 부정문에는 사용되지 않지만 의문문에는 종종 사용됩니다. 예를 들면

Do you have some coins in your pocket?
당신 주머니에 동전이 있습니까?

여기서의 some은 any를 사용했을 때처럼 있는지 없는지를 묻고 있는 것은 아니고 상대방이 가지고 있지는 않을까라는 기대를 가지고 묻는 것입니다. 결과로서 대답이

No, I don't.
아뇨, 가지고 있지 않아요.

가 될지도 모르지만 some을 쓴 것은 질문하고 있는 사람의 기분 문제인 것입니다. 즉, yes라는 대답을 기대하는 기분으로 물을 때는 의문문에서도 some을 사용한다고 알아둡시다.

Point 6 형용사로서의 no

I have no brothers and sisters.
이 문장에 사용되고 있는 no는 yes와 함께 대답에 사용하는 no가 아닙니다. 명사에 대해서 '하나도 …가 없다' 라는 것을 나타내는 형용사로서 쓰이는 no입니다. 의미상으로는 not any와 거의 같습니다.

I have no brothers and sisters.
는 바꾸어 말하면

I don't have any brothers and sisters.
라고 할 수 있습니다. 그런데 no와 not any는 완전히 같은 의미는 아닙니다. 다소 뉘앙스와 용법에 차이가 있으며 not any가 부정의 의미도 강하고 일반적인 어법입니다. 실제 회화에서는 not any를 훨씬 많이 사용합니다.

Part 1 27p

Unit 1

1. This is a pen
2. This is a chair
3. This is a desk.
4. This is a bed.

Unit 2

1. This is a pencil. / Is this a pencil? / Yes, it is. It's a pencil.
2. This is a ball. / Is this a ball? / Yes, it is. It's a ball.
3. This is a chair. / Is this a chair? / Yes, it is. It's a chair.

Unit 3

1. This is a hat.
2. That is a bed.
3. That is a ball.
4. This is a cap.
5. That is a desk.

Unit 4

1. That is a chair. / Is that a chair? / Yes, it is. It's a chair. / Is that a chair, too? / Yes, it is. It's a chair, too.
2. That is a ball. / Is that a ball? / Yes, it is. It's a ball. / Is that a ball, too? / Yes, it is. It's a ball, too.

Part 2 40p

Unit 1

1. This is a cap. / Is this a cap? / Yes, it is. It's a cap. / Is that a cap, too? / No, it isn't. It isn't a cap. It's a hat.
2. This is a desk. / Is this a desk? / Yes, it is. It's a desk. / Is that a desk, too? / No, it isn't. It isn't a desk. It's a table.
3. This is a chair. / Is this a chair? / Yes, it is. It's a chair. / Is that a chair, too? / No, it isn't. It isn't a chair. It's a bed.

Unit 2

1. This isn't a cap. It's a hat.
2. This isn't a table. It's a desk.
3. That isn't a book. It's a magazine.
4. That isn't a bed. It's a chair.

Unit 3

1. This is my watch. / Is this your watch? / No, it isn't. It isn't my watch. It's your watch.
2. This is my clock. / Is this your clock? / No, it isn't. It isn't my clock. It's your clock.
3. This is my map. / Is this your map? / No, it isn't. It isn't my map. It's your map.

Unit 4

1. A. Is this a pen or a pencil? / It's a pen.
   B. Is it your pen or my pen? / It's my pen.
2. A. Is this a watch or a clock? / It's a watch.
   B. Is it your watch or my watch? / It's my watch.
3. A. Is this a book or a magazine? / It's a book
   B. Is it your book or my book? / It's my book.

*각자가 선택한 그림을 답으로 만들면 된다.

Part 3 55p

Unit 1

1. This is a bag. / Is this a bag? / Yes, it is. It's a bag. / What is this? / It's a bag.
2. This is a watch. / Is this a watch? / Yes, it is. It's a watch. / What is this? / It's a watch.

Unit 2

1. That is an apple. / Is that a pear? / No, it isn't. It isn't a pear. / What is it? / It's an apple.
2. That is a magazine. / Is that a book? / No, it isn't. It isn't a book. / What is it? / It's a magazine.

Part 4 63p

Unit 1

1. A. This is a camera. / This is a new camera.
   B. That is a camera. / That is an old camera.
2. A. This is a bag. / This is a new bag.
   B. That is a bag. / That is an old bag.
3. A. This is a desk. / This is a new desk.
   B. That is a desk. / That is an old desk.

Unit 2

1. It's my monkey. / Is it your monkey? / Yes, it is. It's my monkey. / Is it an old monkey or a young monkey? / It's a young monkey.
2. It's my rabbit. / Is it your rabbit? / Yes, it is. It's my rabbit. / Is it an old rabbit or a young rabbit? / It's a young rabbit.

Unit 3

1. My watch is new. / Is your watch new? / Yes, it is. It's new. / Is your watch old? / No, it isn't. It isn't old.
2. My bag is new. / Is your bag new? / Yes, it is. It's new. / Is your bag old? / No, it isn't. It isn't old.
3. My tape recorder is new. / Is your tape recorder new? / Yes, it is. It's new. / Is your tape recorder old? / No, it isn't. It isn't old.

Unit 4

1. That's a car. It's small. / It's very small. / Is it very small? / Yes, it is. It's very small.
2. That's a kitten. It's cute. / It's very cute. / Is it very cute? / Yes, it is. It's very cute.
3. That's a clock. It's old. / It's very old. / Is it very old? / Yes, it is. It's very old.

Part 5 75p

Unit 1

1. Sun-hee is a Korean girl.
   Is Sun-hee a Korean girl?
   Yes, she is. She's a Korean girl.
   Is Sun-hee an American girl?
   No, she isn't. She isn't an American

girl.

2. Bill is an American boy.
   Is Bill an American boy?
   Yes, he is. He's an American boy.
   Is Bill a Korean boy?
   No, he isn't. He isn't a Korean boy.
3. Pat is an American girl.
   Is Pat an American girl?
   Yes, she is. She's an American girl.
   Is Pat a Korean girl?
   No, she isn't. She isn't a Korean girl.

Unit 2

I'm an American girl.

1. Are you an American girl?
2. Yes, I am. I'm an American girl.
3. Are you a college student?
4. No, I'm not. I'm not a college student.

Unit 3

You are pretty.

1. Am I pretty?
2. Yes, you are. You are pretty.
3. Am I very pretty?
4. Yes, you are. You are very pretty.
5. Am I a bad girl?
6. No, you aren't. You aren't bad girl.

Unit 4

1. Bob, this is Chan-ho. He's my neighbor.
   Chan-ho, this is Bob. He's my friend.
2. Jane, this is Mi-ra. She's my neighbor.
   Mi-ra, this is Jane. She's my friend.
3. Sun-sil, this is Bill. He's my neighbor.
   Bill, this is Sun-sil. She's my friend.

Unit 5

A. He's my father.

1. Is he your father?
2. Yes, he is. He's my father.
3. Is he your teacher?
4. No, he isn't. He isn't my teacher.

B. She's my mother.

1. Is she your mother?
2. Yes, she is. She's my mother.
3. Is she your sister?
4. No, she isn't. She isn't my sister.

Part 6 91p

Unit 1

A. He's a doctor.

1. Is he a doctor?
2. Yes, he is. He's a doctor.
3. Is he a teacher?
4. No, he isn't. He isn't a teacher.
5. What is he?
6. He's a doctor.

B. She's a teacher.

1. Is she a teacher?
2. Yes, she is. She's a teacher.
3. Is she a student?
4. No, she isn't. She isn't a student.
5. What is she?
6. She's a teacher.

Unit 2

A. I'm a businessman.

1. Are you a businessman?
2. Yes, I am. I'm a businessman.

3. Are you a farmer?
4. No, I'm not. I'm not a farmer.
5. What are you?
6. I'm a businessman.

B. You are a farmer.
1. Am I a farmer?
2. Yes, you are. You are a farmer.
3. Am I a teacher?
4. No, you aren't. You aren't a teacher.
5. What am I?
6. You are a farmer.

Unit 3

He is my uncle.
1. Is he your uncle?
2. Yes, he is. He is my uncle.
3. Is he your father?
4. No, he isn't. He isn't my father.
5. Who is he?
6. He is my uncle.

Part 7 .... 103p

Unit 1

This is my father's car.
1. Is this your father's car?
2. Yes, it is. It's my father's car.
3. Is this your brother's car?
4. No, it isn't. It isn't my brother's car.

Unit 2

A. Her name is Sun-hee.
1. Is her name Sun-hee?
2. Yes, it is. Her name is Sun-hee.
3. Is her name Mi-ra?
4. No, it isn't. Her name isn't Mi-ra.
5. What is her name?
6. Her name is Sun-hee.

B. His name is Ted.
1. Is his name Ted?
2. Yes, it is. His name is Ted.
3. Is his name Bill?
4. No, it isn't. His name isn't Bill.
5. What is his name?
6. His name is Ted.

Unit 3

Its name is Tweetie.
1. Is its name Tweetie?
2. Yes, it is. Its name is Tweetie.
3. Is its name Sweetie?
4. No, it isn't. Its name isn't Sweetie.
5. What's its name?
6. Its name is Tweetie.

Unit 4

That's yours.
1. Is that mine?
2. Yes, it is. It's yours.
3. Is that yours?
4. No, it isn't. It isn't mine.
5. Whose pen is that?
6. It's yours.

Unit 5

It's my big brother's.
1. Is it your big brother's?
2. Yes, it is. It's my big brother's.
3. Is it your father's?
4. No, it isn't. It isn't my father's.
5. Whose is it?
6. It's my big brother's.

Unit 6

It's my little sister's.

1. Is it your little sister's?
2. Yes, it is. It's my little sister's.
3. Is it your big sister's?
4. No, it isn't. It isn't my big sister's.
5. Whose is it?
6. It's my little sister's.

Unit 7

This book is mine.

1. Is this book yours?
2. Yes, it is. It's mine.
3. Is this book John's?
4. No, it isn't. It isn't John's.
5. Whose book is this?
6. It's mine.

Part 8 123p

Unit 1

Bill and Jane are my friends.

1. Are Bill and Jane your friends?
2. Yes, they are. They are my friends.
3. Are Bill and Jane your classmates?
4. No, they aren't. They aren't my classmates.
5. Are Bill and Jane your neighbors?
6. Yes, they are. They are my neighbors.

Unit 2

They are Mr. and Mrs. Brown.

1. Are they Mr. and Mrs. Brown?
2. Yes, they are. They are Mr. and Mrs. Brown.
3. Are they Mr. and Mrs. Green?
4. No, they aren't. They aren't Mr. and Mrs. Green.
5. Who are they?
6. They are Mr. and Mrs. Brown.

Unit 3

That man is their father.

1. Is that man their father?
2. Yes, he is. He's their father.
3. Is that man their teacher?
4. No, he isn't. He isn't their teacher.
5. Who's that man?
6. He's their father.

Unit 4

We're busy today.

1. Are you busy today?
2. Yes, we are. We are busy today.
3. Are you free today?
4. No, we aren't. We aren't free today.
5. Are you really busy today?
6. Yes, we are. We are really busy today.

Unit 5

That's our school.

1. Is that your school?
2. Yes, it is. It's our school.
3. Is that Tom's school?
4. No, it isn't. It isn't Tom's school.
5. Whose school is that?
6. It's our school.

Unit 6

These are my record albums.

1. Are these your record albums?
2. Yes, they are. They are my record albums.

3. Are these your photo albums?
4. No, they aren't. They aren't my photo albums.
5. What are these?
6. They are my record albums.

Unit 7

These flowers are tulips.

1. Are these flowers tulips?
2. Yes, they are. They are tulips.
3. Are these flowers roses?
4. No, they aren't. They aren't roses.
5. What are these flowers?
6. They are tulips.

Unit 8

These are boys' shoes.

1. Are these boys' shoes?
2. Yes, they are. They are boys' shoes.
3. Are these girls' shoes?
4. No, they aren't. They aren't girls' shoes.

Unit 9

These new desks are ours.

1. Are these new desks yours?
2. Yes, they are. They are ours.
3. Are these new desks ours?
4. No, they aren't. They aren't yours.
5. Whose new desks are these?
6. They are ours.

Unit 10

That car is theirs.

1. Is that car theirs?
2. Yes, it is. It's theirs.
3. Is that car yours?
4. No, it isn't. It isn't ours.
5. Whose car is that?
6. It's theirs.

Part 9 155p

Unit 1

1. The pen is mine. The pencil is yours.
2. The watch is mine. The clock is yours.
3. The dictionary is mine. The magazine is yours.

Unit 2

1. You are an American and I'm a Korean.
2. He is a teacher and she is a student.
3. They are free and we are free, too.

Unit 3

That one is really nice.

1. Is that one really nice?
2. Yes, it is. It is really nice.
3. Is that one expensive?
4. No, it isn't. It isn't expensive.

Unit 4

The next one is mine.

1. Is the next one yours?
2. Yes, it is. It's mine.
3. Is the next one mine?
4. No, it isn't. It isn't yours.
5. Whose car is the next one?
6. It's mine.

Unit 5

It's my English-Korean dictionary.

1. Is it your English-Korean dictionary?

2. Yes, it is. It's my English-Korean dictionary.
3. Is it his English-Korean dictionary?
4. No, it isn't. It isn't his English-Korean dictionary.
5. What book is it?
6. It's my English-Korean dictionary.

Part 10 171p

Unit 1

1. eighty, fifty, seventy, twenty, sixty, ninety, thirty, ten, forty, one hundred
2. twenty-four, thirty-eight, sixty-one, seventy-six, fifty-seven, ninety-five, forty-four, eighty-nine, ninety-nine, thirty-three

Unit 2

1. eighth, sixth, ninth, seventh, third, first, second, fifth, fourth, tenth
2. fourteenth, eleventh, twelfth, seventeenth, nineteenth, eighteenth, thirteenth, twentieth, fifteenth, sixteenth
3. twenty-third, thirty-second, forty-first, twenty-first, forty-seventh, thirty-fifth, twenty-ninth

Unit 3

It's Wednesday today.

1. Is it Wednesday today?
2. Yes, it is. It's Wednesday today.
3. Is it Tuesday today?
4. No, it isn't. It isn't Tuesday today.
5. What day is it today?
6. It's Wednesday today.

Unit 4

The date is June 30.

1. Is the date June 30?
2. Yes, it is. It's June 30.
3. Is the date June 29?
4. No, it isn't. It isn't June 29.
5. What's the date?
6. It's June 30.

Part 11 187p

Unit 1

1. I have a watch.
   You have a watch.
   You have a nice watch.
2. I have a doll.
   You have a doll.
   You have a nice doll.
3. I have a stereo.
   You have a stereo.
   You have a nice stereo.

Unit 2

I have a watch.

1. Do you have a watch?
2. Yes, I do. I have a watch.
3. Do you have a wall clock?
4. No, I don't. I don't have a wall clock.
5. Do you have an alarm clock?
6. Yes, I do. I have an alarm clock.

Unit 3

1. Bill has a bag.
   He has a bag.
   He has a new bag.

Emily has a new bag, too.
She has a new bag, too.

2. Bill has a raincoat.
He has a raincoat.
He has a new raincoat.
Emily has a new raincoat, too.
She has a new raincoat, too.
3. Bill has an umbrella.
He has an umbrella.
He has a new umbrella.
Emily has a new umbrella, too.
She has a new umbrella, too.

Unit 4

A. My father has a car.
1. Does your father have a car?
2. Yes, he does. He has a car.
3. Does your father have a motorcycle?
4. No, he doesn't. He doesn't have a motorcycle.

B. My mother has a bicycle.
1. Does your mother have a bicycle?
2. Yes, she does. She has a bicycle.
3. Does your mother have a car?
4. No, she doesn't. She doesn't have a car.

Unit 5

I have a coin in my hand.
1. Do you have a coin in your hand?
2. Yes, I do. I have a coin in my hand.
3. Do you have some candy in your hand?
4. No, I don't.
5. What do you have in your hand?
6. I have a coin in my hand.

Unit 6

A. I have a vase on the table.
1. Do you have a vase on the table?
2. Yes, I do. I have a vase on the table.
3. Do you have a picture on the table?
4. No, I don't. I don't have a picture on the table.
5. What do you have on the table?
6. I have a vase on the table.

B.1. What do you have on the table?
- I have a vase on the table.
2. What do you have on the wall?
- I have a picture on the wall.
3. What do you have under the table?
- I have a ball under the table.

Unit 7

Bob has a book under his arm.
1. Does Bob have a book under his arm?
2. Yes, he does. He has a book under his arm.
3. Does Bob have a notebook under his arm?
4. No, he doesn't. He doesn't have a notebook under his arm.
5. What does Bob have under his arm?
6. He has a book under his arm.

Part 12 209p

Unit 1

We have classes tomorrow morning.
1. Do you have classes tomorrow morning?

2. Yes, we do. We have classes tomorrow morning.
3. Do you have classes tomorrow afternoon?
4. No, we don't. We don't have classes tomorrow afternoon.
5. What classes do you have tomorrow morning?
6. We have English and math.

Unit 2

Mr. and Mrs. Brown have two children.

1. Do Mr. and Mrs. Brown have any children?
2. Yes, they do. They have two children.
3. Do Mr. and Mrs. Brown have any sons?
4. No, they don't. They don't have any sons.
5. Do Mr. and Mrs. Brown have any daughters?
6. Yes, they do. They have two daughters.

Unit 3

I have two sisters.

1. Do you have any brothers and sisters?
2. Yes, I do. I have two sisters.
3. Do you have any brothers?
4. No, I don't. I don't have any brothers.
5. How many sisters do you have?
6. I have two sisters.

Unit 4

Chul-su has a lot of books on his bookshelf.

1. Does Chul-su have a lot of books on his bookshelf?
2. Yes, he does. He has a lot of books on his bookshelf.
3. Does Chul-su have twenty books on his bookshelf?
4. No, he doesn't. He doesn't have twenty books.
5. How many books does Chul-su have on his bookshelf?
6. He has about a hundred books on his bookshelf.

Unit 5

I have some pictures on the walls.

1. Do you have any pictures on the walls?
2. Yes, I do. I have some pictures on the walls.
3. Do you have any clocks on the walls?
4. No, I don't. I don't have any clocks on the walls.
5. What do you have on the walls?
6. I have some pictures on the walls.